學的第一本書

決定版

色彩心理學

色彩心理図鑑

活用色彩知識，
並使用色彩隱藏的力量

PawPaw Poroduction 著

晨星出版

前言 PawPaw Poroduction 給各位讀者

你好，我們是 PawPaw Poroduction 事務所。

PawPaw Poroduction 是運用心理學與色彩心理學，擔任企業的諮詢以及製作各式各樣內容的企劃事務所。擅長以跨領域的方式使用複數的學問如心理學、腦科學、行為經濟學以及賽局理論等，以理論的方式來分析問題點並創造新的內容。

關於色彩心理的部分，我們獨自進行了數種科學性的研究，也在專門學校中開設色彩心理的講座，擔任色彩指導講師。在《人際學色彩活用手冊》（邦聯出版）一書中以科學的方式統整了顏色的喜好與性格之間的關係，此書成為了一本在上市開賣後，經過了一年也持續不停再版的暢銷書籍，有眾多讀者願意閱讀此書，衷心地感謝。

而本書則為論及整體色彩心理類型的圖鑑。

這不只是一本讓學過色彩心理學的人或專家確認色彩心理效應的專門書籍，而是一本即使是初學者也能活用來增加色彩知識，並藉此豐富自己生活的書。在《人際學色彩活用手冊》一書中解說了色彩影響性格及情感的效應，而這僅是聚焦在博大精深的色彩心理類型的其中一部分。

另一方面，本書網羅了有關色彩心理的全面知識，是一本幾乎沒有類似書籍這麼做的完整圖鑑，書中會解說色彩對我們的感覺、判斷以及生物角度將產生何種影響、效應，另外，也統整了從色彩的基本知識、色彩與文化、色彩的由來、色彩的想像到色彩的可能性，以綜合的方式來論述色彩心理學。作為學習色彩心理學的第一本書，以及對於學習色彩心理學來說是一本務必要擁有的書。

事實上，色彩具有複雜的效應，同時也難以掌控，根據使用的面積比例以及組合會產生繁複的效果。雖然這是一門不簡單的學問，但也因為如此才能感受其有趣之處。選用色彩而產生的效果中有著固定的規則，習得這個基礎效應後，期盼讀者能夠更自由地使用色彩。

另外，在本書中會出現「色彩之神」為首的奇妙角色，他們將以色彩世界的導遊之姿登場。色彩之神們不只解說色彩的使用方式，還會重點式地介紹不同顏色的使用方式，請抱持具體活用顏色的想像，悠遊於色彩的世界中吧！

那麼各位，讓我們一起朝著有趣又不可思議的色彩心理世界出發吧！

序文

顏色在你我誕生之前就早已存在並妝點著大自然，人類在這些顏色中被孕育成人並與之共同生活。大自然的天空、山脈、森林以及海洋都擁有顏色，我們的祖先就是從自然界裡取出顏色來使用的。

人類使用顏色的足跡可以追溯到大約35萬年前的舊石器時代初期，我們知曉當時的人會在身體或是遺骨上以顏料塗成紅色來做裝飾，這裡的顏料指的是無法溶於水或是溶劑中，帶有顏色的微量粉末。考古也發現了在舊石器時代後期的法國拉斯科洞窟壁畫以及西班牙的阿爾塔米拉洞窟壁畫中均使用了紅色的顏料。

在世界各地都有著為了要區分顏色而為其命名的歷史。在大部分的國家中，顏色的命名過程會先把明亮色命名為「白」，暗沉色命名為「黑」，接著再加上冷色及暖色等等的顏色，延伸出其他顏色的名稱。但是日本的顏色命名歷史則稍微不太一樣。

在原始日本中有著四種顏色的名稱，分別是「紅」、「黑」、「藍」以及「白」。

據說「紅」是從「凌晨」、「明亮」的意象誕生，「黑」則是從「黃昏」、「黑暗」所產生出來的。日本最初產生出來的顏色是「紅」，因此也可以說是從這裡開始蘊育與世界相異的獨特色彩文化。

接下來，我們來到位於日本岡山縣某處的「赤色神神社」，這是一間祭拜日本起始色彩——紅色的神社。今天在這個神社中，也聚

原始日本時代的顏色誕生過程

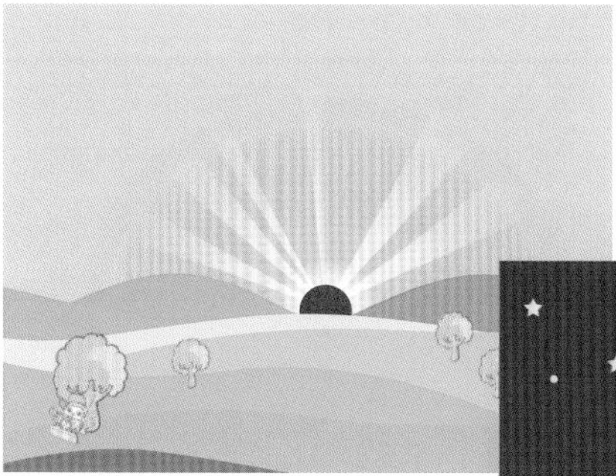

・昏暗
・黃昏
↓
黑色

・明亮
・日出
↓
紅色

集了從日本各地而來並有著顏色煩惱的人們。

在神社的入口附近，有一頭奇妙的犀牛左顧右盼地走來走去，那是頭全身白晰、不可思議的犀牛，看來應該是迷路了。

此時有一隻貓咪經過，對犀牛開口說：

「喔～～白色犀牛很少見耶，你怎麼了？」

「啊，你好，那、那個……我正在找赤色神神社，聽別人說是在這附近。」

白色的犀牛像是在害怕什麼一樣地回答。

貓咪短暫地露出了像是在思考般的表情後說：「應該是那邊」並指著左邊的道路。犀牛說：「謝、謝謝」便深深地低下頭，朝著貓咪所指示的道路前進。

貓咪看著犀牛的背影，臉上浮現了嘲笑般的表情。犀牛每走一小段路就會轉頭，對著貓咪不停地點頭致謝。本來展露出詭異笑容的貓咪，突然像是出了什麼問題似地露出慌亂的神情。

「啊——對不起啦，我搞錯了，神社是這邊啦。」貓咪一邊說著，一邊指著犀牛前進方向的另一側右方道路，並說著：「我也要去神社，要不要一起去啊？」犀牛小跑步地跑回來，同時大聲地回覆說：「好呀」

「話說回來，為什麼你是白色的？我所知道的犀牛不是這個顏色。」

「就是……我失去了我原有的顏色。」

「失去顏色？」

貓咪的聲音顯得相當驚訝。

「是的，我是屬於一種叫做色彩犀牛的品種，原本是紅色的，有著成人之後就能變成喜好顏色的特性。但因為我對很多東西都缺乏自信，結果別說是變成自己喜歡的顏色了，身上原本的顏色反倒開始慢慢地褪色，最後就變成白色的了……」

「還有這樣子的事情啊。」

「對啊，所以才想說要去祭祀色彩誕

生的赤色神神社，到那邊應該就可以取回顏色了吧。」

「嗯～～，真有趣。」

色彩犀牛看了一下貓咪的表情，問：「那你呢？」

「喔我啊，我是裏表山貓，是自傲的山貓夥伴。」

裏表山貓瞄了一下自己的項鍊，說：「之所以要去赤色神神社是因為……呃，沒什麼，只是剛好會經過而已啦。」

裏表山貓與色彩犀牛穿過了鳥居，抵達了小小的本殿，他們在本殿低頭祈禱後，不知從哪裡傳來了聲音。

「竟然會有顏色靈獸色彩犀牛這麼稀有的生物來到這裡啊。」

裏表山貓與色彩犀牛環顧了四週，卻什麼人也沒看見。

「我在這裡。」

有一個小小的身影從本殿的屋樑上降落到兩人的面前。尖尖的臉上有著大大的眼睛，看起來就像擁有戴著紅色的頭盔的不可思議外表。

「我就是赤色神。」
兩人吃驚地退後了幾步。
「怎麼了，色彩犀牛失去顏色了嗎？所以才來到這裡的呀?!」
「是、是的。」
「然後，你是裏表山貓啊？」

「是的。」
「什麼啊，主要是個性問題嘛。被表裡不一的個性所害，所以項鍊才變黑的啊。」
裏表山貓露出了驚訝的表情，低頭看了掛在脖子上的項鍊，仔細一看才發現，這心型項鍊的顏色並不是粉紅色，看起來果真是黑色的。
「失去紅色的犀牛跟變黑的貓啊，真是符合這個神社的動物們耶。」
赤色神說著說著就笑了出來。「考慮到顏色的誕生過程，因為『黑色』的相對詞不是『白色』，而是『紅色』，所以這個組合還真是有趣。」說完，赤色神又笑了。
「色彩犀牛，你是顏色的靈獸，所以你要學習顏色的知識，不取回你的自信是不行的。然後，裏表山貓，你不改改自己的個性，黑色的項鍊是無法變回原本顏色的。」
色彩犀牛與裏表山貓被赤色神的話語震懾到說不出話來。
「剛好，第兩百三十九次的色彩神與色彩心理補習班今天開始，你們都來上色彩以及色彩心理學的基礎課程吧。」
「好、好的。」
「顏色有著各式各樣的心理效應，會對感覺以及身體產生影響，當然，對心理也會產生

影響。色彩犀牛，你要在學習顏色的知識後建立自信。裏表山貓，你可以使用顏色的力量來改變自己的個性。」

「好、好的。」

色彩犀牛與裏表山貓緩慢地點頭。

「好，那你們就去那邊的本堂報名吧。」

左側有一座刷塗華麗紅漆的建築物，赤色神所指的地方就是建築物的入口。

「原、原來是做生意的啊……」

失去自信的色彩犀牛與想要改變個性的裏表山貓，兩人學習色彩心理學的旅行，現在正式開始。

CONTENTS

第2章 顏色的基礎／什麼是顏色？

第3章 顏色與文化

第4章 色彩的由來

第5章 單色、配色與印象

第6章 顏色的可能性

序章

這就是色彩心理的力量

我是負責序章的講師黃色神喔，在開始講課之前，會先簡略地說明「何謂色彩心理」，希望透過圖文可以傳達顏色的神奇之處，包括顏色的可能性、顏色與情感的關聯、什麼時候看到什麼種類的顏色會讓內心產生什麼樣的變化，此外為了提升接下來對本章的理解程度，也會提到「什麼是色彩心理學」、「顏色的基本要素」等等的知識喔！

顏色的可能性

畫家都很長壽？

色彩會對人體以及內心產生不可思議的影響，若從這個視角來解讀，像是畫家之類的職業等**常接觸到顏色的人不知何以都很長壽。**

例如，夏卡爾97歲、畢卡索91歲、達利84歲、莫內86歲，而且在據說平均壽命只有50歲的江戶時代，歌川國芳63歲、葛飾北齋88歲等，都很長壽。代表日本的女性畫家小倉遊龜，她所描繪的人物畫以及靜物畫帶有豐富色彩，而她活到了105歲，活躍了一整個世紀。

放眼文壇，芥川龍之介35歲、太宰治38歲，詩人中原中也30歲……，包含自殺的知名作家、詩人大部分都英年早逝，然而許多畫家也都苦於貧窮，並非生活在優渥的環境中，但他們仍很長壽。於是，在色彩心理的領域中經常有此說法——顏色也許是能讓人長壽的良藥。

顏色是使人長壽的藥？

雖然科學上的驗證還不夠充足，但仍有著各式各樣的假設。

負責處理顏色的大腦部位和負責言語的大腦部位活動區域不同，大腦的運作以及作家和畫家兩者生活環境之間的差異吸引許多人投入研究。可能有人會對「畫家長命，作家短命」的講法持有強烈印象，若透過顏色的複合因素來看，可以**思考其對壽命有益的可能性。**

也許顏色擁有著非常優越且不可思議的力量也說不定。

顏色與壽命有關？

其他還有：
米羅　90歲
奇里訶　90歲
橫山大觀　89歲

夏卡爾 97歲

畢卡索 91歲

達利 84歲

畫家長壽的理由（假設）

持續著被色彩包圍的創作活動時，會接連活化大腦，對於抑制老化現象有著一定程度的效果。

畫家因依賴陽光而多在白天工作，相反地，作家會不眠不休地執筆撰寫，因此容易導致身體不適。

思考畫的構圖時，會影響大腦活動。

顏色能對內心產生影響，看顏色有助於釋放壓力，作畫也有助於釋放壓力。

改變情緒①

減輕心中不安的顏色

顏色有著可以改變人情感的力量，比如說，當心中充滿不安時，看著左頁的那些顏色是有助於消除不安的。雖然說每個人消除不安的程度不同，不過大致來說，有著「看溫柔的粉紅色來冷靜①②③」以及「看可以使人冷靜的顏色來放鬆④⑤⑥」。在經常看到的手機待機畫面以及屋內裝潢上使用看看吧。

以數個粉色互相搭配出來的顏色有著安撫心中不安的作用。

一般而言，花朵等具生命力的植物的效果特別顯著。

配色範例

基本顏色的印象詞彙範例

撫子色

- 溫柔
- 愛情

萌黃色

- 生命力
- 新鮮

土色

- 安定
- 療癒

顏色的數值

①
C0 M26 Y11 K0
R249 G207 B209
7RP 8/4

②
C0 M49 Y22 K0
R241 G154 B162
1R 7/8

③
C0 M30 Y21 K0
R247 G196 B189
5R 8/5

④
C0 M5 Y35 K0
R255 G243 B194
4Y 9/4

⑤
C40 M0 Y83 K0
R174 G208 B70
4GY 7/9

⑥
C10 M40 Y55 K30
R180 G132 B92
5YR 5/6

① 嬰兒粉色

大多使用於剛出生嬰兒的衣服上。表現母親的愛。

② 撫子色

代表秋天的七種花草之一。微濃的粉紅色帶給人一股前進的力量。

③ 少女色

別名朱鷺色。微微偏橘的粉紅色會帶來活力。

④ 奶油黃色

牛奶加工後所呈現的奶油色。世界各地所熟悉的顏色。

⑤萌黃色

就像是樹木的嫩葉生長出來的樣貌，展現生命力的黃綠色。

⑥ 土色

溫柔又強壯的大地顏色。容易讓人產生安心感。

當不安的時候，大量看各種淡色系有助於穩定身心。

POINT 效果強與效果弱的顏色

顏色會有何種效果是因人而異的，因此分成效果強以及效果弱的顏色。除了上述所提到的顏色之外，另一個方法是「使用自己喜歡的顏色」，因為看到自己喜歡的顏色，也有著放鬆的效果。

改變情緒②

提振心情的顏色

當不知為何地感到鬱悶又煩躁時，有一個看了就能提振心情的顏色，那就是被稱為維他命色、經常在柑橘類上看到的那種亮麗又帶有活力的顏色。將此色用於包包、鞋子或是常攜帶的物品上特別有效。

把帶有這些顏色的花裝飾在家中也有不錯的效果。

黃色/橙色系的花擁有能給內心帶來活力的效果。

在鞋子、包包、大衣以及手機殼上使用這些顏色，效果會更加明顯。

配色範例

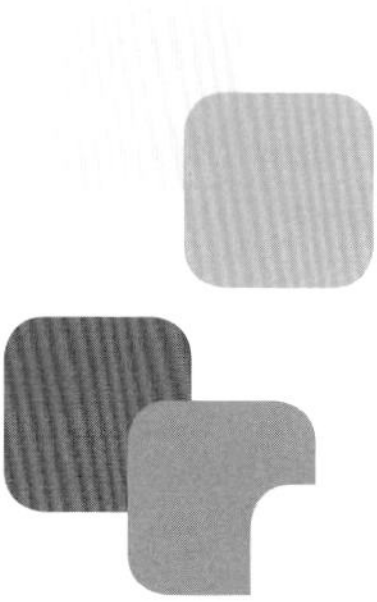

基本顏色的印象詞彙範例

積極橘色
- 行動的
- 有活力的

太陽黃
- 明亮的
- 開朗的

緋紅色
- 熱情的
- 強烈的

顏色的數值

①
C3 M28 Y80 K0
R245 G194 B63
3Y 8/10

②
C0 M32 Y91 K0
R248 G187 B12
1Y 7/12

③
C0 M50 Y100 K0
R243 G152 B0
5YR 7/14

④
C7 M12 Y94 K0
R243 G217 B0
7Y 8/11

⑤
C0 M0 Y100 K0
R255 G241 B0
6Y 9/12

⑥
C0 M80 Y75 K0
R233 G85 B57
7R 5/14

① 萬壽菊色

在原產於墨西哥的菊科花上可以看到的顏色。雖然是以黃色為主，不過也有橙色的花。

② 太陽花黃色

和朝著太陽盛開的向日葵一樣，接近橙色的黃色。

③ 積極橘色

光是看著就感覺充滿活力，一種激發動力、鮮豔又強烈的橙色。

④ 金絲雀色

金絲雀羽毛的顏色。讓人感覺開朗又明亮印象的顏色。

⑤太陽黃

是一種很多國家將其當作太陽象徵顏色來使用的黃色。

⑥ 緋紅色

由名為絳蚧的甲殼蟲所染的顏色。偏橙色的紅色。

從借助花與果實所擁有的強大生命力的意象上來說，也可以選擇上述花、果實以外生命力較強的顏色也是不錯的。

POINT　沒有活力時想看的顏色

感到沒有活力時，可以在黃色到橙色之間挑選顏色。當然也有著像是紅色那樣可以激發鬥志的顏色，但缺乏活力時，紅色的效用就有點過度強烈，稍微減少一些使用的量也是個不錯的方向。

所謂的色彩心理學是？

理解顏色，人生會變得更有趣

何謂色彩心理學

首先，所謂的心理學，簡單地說是一門試著要闡明人類的心理以及行為法則的學問。並不是專注在個人的想法或是感覺上，而是透過實驗或是稱為觀察法的科學方法收集資料，並使用該資料以統計學的方式來分析內心動向。

色彩心理學就是一門應用心理學的基礎思考邏輯的研究，即是調查色彩如何影響人的心理以及行為，並研究是否有通例可循的法則。研究色彩心理學的歷史尚淺，目前仍無法說是一門完整成形的學問，依然還處於架構階段，也可以說是仍在摸索學習的領域。

在本書中所認定的色彩心理學定義是，找出色彩會帶給人心理以及身體什麼樣的影響、特定的顏色會產生何種效果、心中產生什麼樣的情感時會選擇哪一種特定顏色……等等研究這些法則的一門學問。

具體而言，例如看到紅色時，會對心靈及身體有什麼樣的影響，又心中懷著什麼樣的情感時會想看到紅色。應用這些調查結果就可以知道，喜好的顏色與個性之間的相互關係，甚至也有可能透過顏色來控制人心。

理解這些隱而不見的強大力量的真相，就能不被顏色所迷惑並活用色彩。顏色有著非常複雜的作用，雖然運用方式非常困難，但也正因為如此反而才能顯出這門理論的有趣之處。

簡要說明何為色彩心理學？

色彩會帶給人的心靈與身體什麼樣的影響？

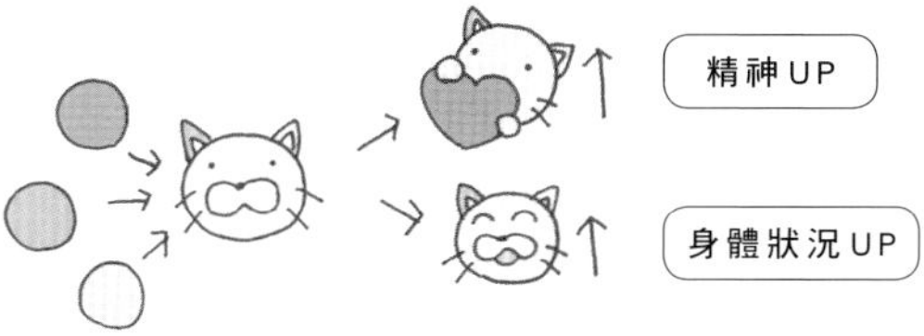

精神UP
身體狀況UP

有精神了

特定的顏色會有什麼樣的影響？

喜歡新的東西

懷抱何種情緒時會追求特定的顏色呢？

例如，顏色不同時，感受到的重量也會不一樣

搬家公司的紙箱……
白色的紙箱看起來感覺會比較輕。
喵、喵──！
如果是黑色的話……！

本書的使用方式

色彩心理學的學習方式

色彩心理學並非是僅與心理學有關的學問，而是與各式各樣的理論連接之後才能成立，單單學習色彩心理學的話，是沒有辦法獲得完整效果的。

首先，想先從物理學的部分開始，讓讀者理解「顏色」是什麼；接著說明人類如何認知顏色的生理學部分，原本這應該是要在最一開始學的知識，但太多物理學跟生理學理論充斥，就會難以感受到其中的趣味，因此把這些學問都統整於第二章，包括為什麼眼睛能看得到顏色，以及眼睛的構造等。

第一章要帶大家詳細地學習關於顏色的效果，如顏色會帶給身體與心靈何種影響，介紹

色彩心理學的學習方式

顏色會對「情感／判斷」（開心、難過等的心情）、「感覺」（很重、很快等體感類型）以及「生物體／物質」（肌肉緊張程度、對心跳的影響等）產生什麼樣的影響，也會大量介紹色彩心理中不可思議又好玩的效果。

另外，人很容易憑藉印象來判斷事物，這與文化背景有很大的關係，這會在第三章中說明「顏色與文化」，第四章則是講述關於「顏色的由來」，第五章會解說顏色所製造出來的印象。學完這些章節之後，讀者就不僅只會運用單色，而是可以活用數個顏色來搭配。在最後的第六章中，則是統整了最新的色彩研究與色彩心理學的第一手資訊。

本書的學習方式

第 1 章

簡單地說！
色彩心理的效用是？

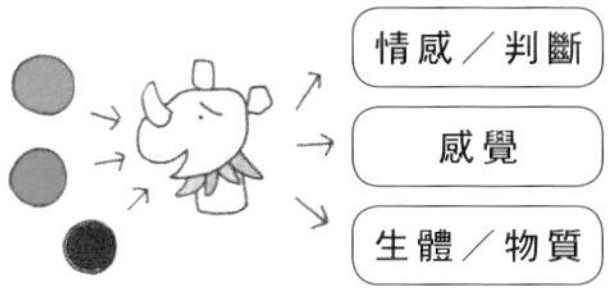

解說色彩會帶給身體以及心理的效果及作用。

第 2 章

你所不知道的
顏色的基本知識以及機能是？

從物理學及生理學來解說可以看見顏色的理由以及機制。

第 3 章　第 4 章

顏色是怎麼被運用於日本以及世界各地的呢？
顏色是如何發展的？

介紹顏色與文化、顏色的由來。

第 5 章

為什麼依據顏色不同，會有定型下來的不同印象呢？

·細膩　·爽朗
·溫柔　·涼快

解說顏色與印象之間的關係。

第 6 章

接下來的色彩心理學領域將會有什麼新的發展呢？

解說顏色的可能性以及最新的色彩研究。

色相／明度／彩度

顏色的基本要素

顏色的基本要素

顏色具有三個基本性質，分別稱為色相、明度以及彩度，統稱為三屬性。

・色相

色相指的就是稱為紅色、藍色、黃色及綠色等等的「色彩、顏色」。

・明度

指的是顏色的「亮度」。明度最高的顏色是白色，最低的是黑色。

・彩度

指的是顏色的「鮮豔度、顏色的強度」。用以判斷是接近彩度高的純色，還是接近沒有顏色的無彩色（白、灰色、黑色），代表著顏色的強度差距。

顏色的基本要素

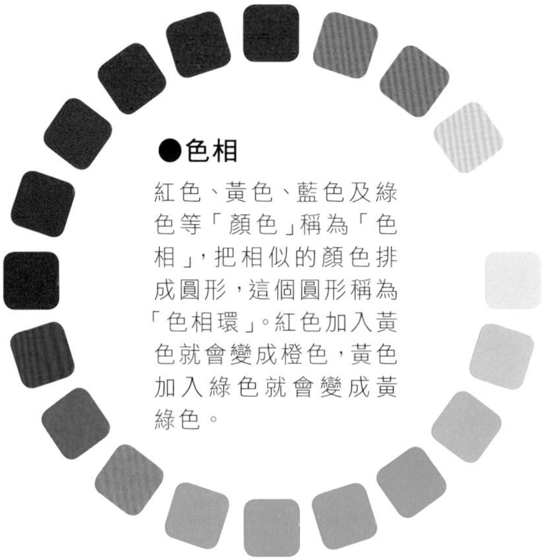
●色相
紅色、黃色、藍色及綠色等「顏色」稱為「色相」，把相似的顏色排成圓形，這個圓形稱為「色相環」。紅色加入黃色就會變成橙色，黃色加入綠色就會變成黃綠色。

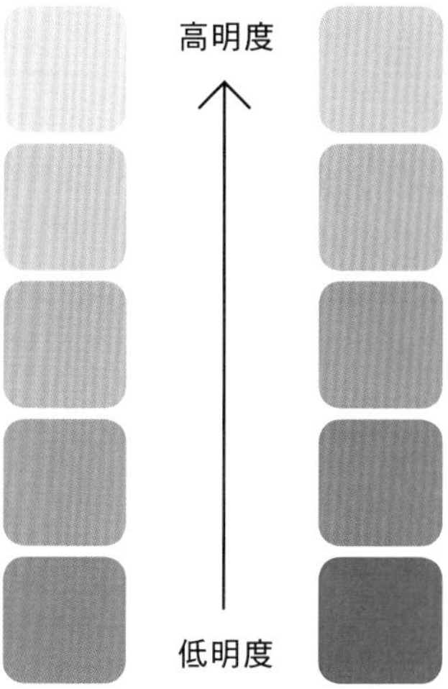

●明度

明度是代表著顏色的明暗度。明度越高越接近白色。明度高的藍色（混合白色）就會變成介於藍色與青色之間的水色，明度低就會變成像是紺色那樣的暗藍色。無彩色只使用明度來代表顏色。

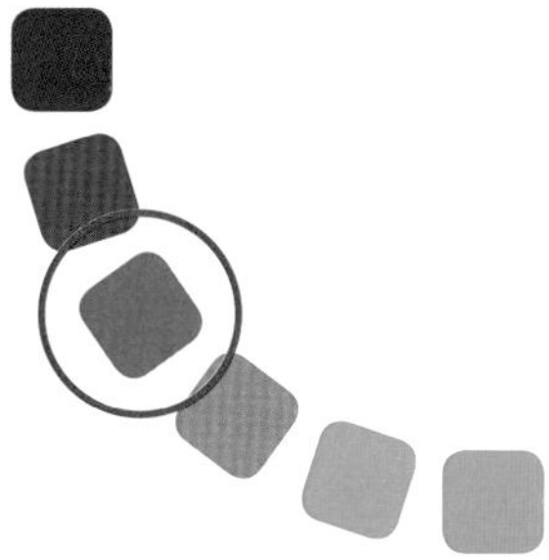

●彩度

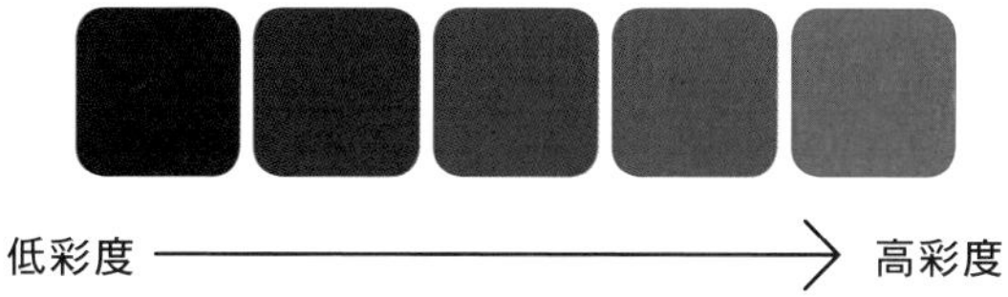

彩度是表示顏色的鮮豔程度以及強度。彩度越高就會越接近純色。在顏色裡面加入灰色就會呈現出低彩度。

純色

指的是在有彩色的各種色相中，最鮮豔的顏色（彩度最高的顏色）。

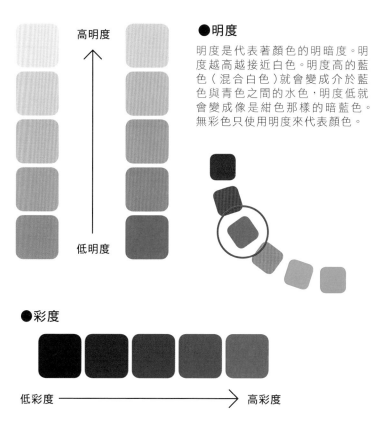

登場角色

裏表山貓

因為表裡不一的個性，使得脖子上的粉紅色項鍊失去光澤。想要使用顏色的力量改變個性。

色彩犀牛

長大成人之後就可以自由選擇喜歡的身體顏色，但卻因為沒有自信而失去了色彩。想要透過顏色取回自信。

色彩神

據說是製造顏色的神明。教導人們以及動物們真正的顏色使用方式。每種顏色的神明都擁有屬於自我的風格。

第1章

色彩心理效果

第一章登場的是我——橙色神。在本章會介紹並解說很多有關色彩的心理效應，也統整了顏色會影響心靈、改變情感、改變感覺以及帶給身體各式各樣影響的內容。透過閱讀本章應該就可以理解顏色強大的力量以及絕妙之處。

心理效應的種類

顏色對身心靈的影響

顏色會帶給人各式各樣的不同作用，例如有的會對心靈產生影響進而改變情感、有的會擾亂感覺，也有的不只影響心靈還會直接影響到身體。因為眾多不同的效果，本章中便根據其產生影響的對象，將效果分成三種。

對情感產生影響的顏色

人看到顏色時，心中會產生各式各樣的情感。顏色與情感之間是屬於容易連結的關係，意思就是當覺得「想要放鬆」時，就有著容易誘發那些情感的顏色。另外，顏色的喜好與個性也有相當密切的關係，這裡除了顏色與個性之間的關聯之外，也整理了顏色對情感產生的影響效果。

對感覺及判斷產生影響的顏色

顏色會擾亂人的感覺，根據顏色的不同，有時候會讓物品感覺比實際上的重量要來得重／來得輕；又或是看起來靠前／靠後。顏色有時也會對味覺產生影響，另外，也會因為顏色而產生錯誤的判斷。在這個部分，除了討論心理的問題外，也會提到能改變人對事物判斷的顏色。

對身體產生影響的顏色

顏色不只會對心理產生影響，此處整理了顏色對身體，如皮膚、肌肉等部位產生影響後所呈現的效果。這邊提到的顏色不僅是對身體產生影響、也包含了一部分會對心靈以及身體兩方面都產生影響的顏色。

三種心理效用的種類

心理效用

是這麼
分類的喔～

① 對情感產生影響的顏色

・對情感產生影響
・對性格感生影響

→P.34～P.75

③ 對身體產生影響的顏色

・影響肌肉的緊張程度
・影響性功能
・影響肌力……等等

→P.102～P.119

顏色真奇妙

② 對感覺／判斷產生影響的顏色

・對重量感覺產生影響
・對時間感覺產生影響
・對位置感覺產生影響
……等等

→P.76～P.101

POINT 顏色對身心的影響

顏色對心靈以及身體的影響無法完全切開而論，也有不少是同時對身心產生影響的案例，那是因為人的心靈以及身體原本就彼此密切關聯。

顏色與情感

在這種心境時想看的顏色

◎對情感產生影響的顏色

當我們看到顏色時，心中會萌發各式各樣的情感。會產生什麼樣的情感，與對顏色的喜好有關，看到「喜歡的顏色」時，就會引發正向的情緒，看到「討厭的顏色」時，就會感到不愉快。顏色的喜好有著相當大的個人差異，十個人就會有十種不同的喜好，要找出大多數人都喜歡的顏色是相當困難的。

但是，如果從顏色所擁有的視覺印象或心理層面的印象作為出發點的話，就可以找出大多數人共通且容易產生的情感。這裡整理了**懷有特定情感時想看到的顏色，以及當映入眼簾時內心會產生變化的顏色。**顏色會動搖情感，對情感產生影響，這在第五章會更仔細地講解顏色與印象之間的關係。

・暖色與冷色

紅色、橙色、黃色……等是稱為暖色的顏色群。當看到暖色時會有著看到火、太陽等的溫暖印象，產生積極主動的感情。

而藍綠色、藍色、藍紫色……等是稱為冷色的顏色群。冷色會讓人聯想到水，容易產生寒冷的印象，在情感層面上來說，通常會誘發消極的情緒。

・鮮豔的顏色與淺淡的顏色（淡色）

鮮豔的顏色容易展現原有顏色的強度，淺色、淡色（水色以及粉紅色等）則與原有顏色無關連，整體來說有著會喚起人心中溫柔情感的傾向。

顏色與大多數人容易產生的情感

暖色

像是看到火及太陽，容易讓人產生「溫暖」的印象。也容易讓人帶有主動、外放的情感。

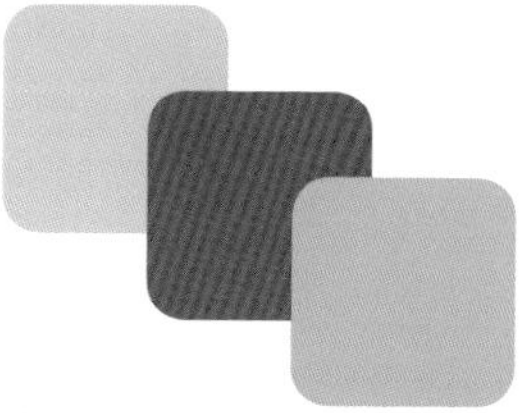

冷色

有著水及冰的印象，給人「冰冷」感。也容易讓人產生消極、內向的情感。

鮮豔

會讓人聯想到顏色原有的印象，且容易從該顏色產生情感。

淺淡

與顏色原本擁有的印象無關，整體來說會喚起人心中的溫柔情感。

顏色與情感 頁面的閱讀方式

配色範例

介紹具代表性的配色範例。
列舉雙色配色以及三色配色的範例。

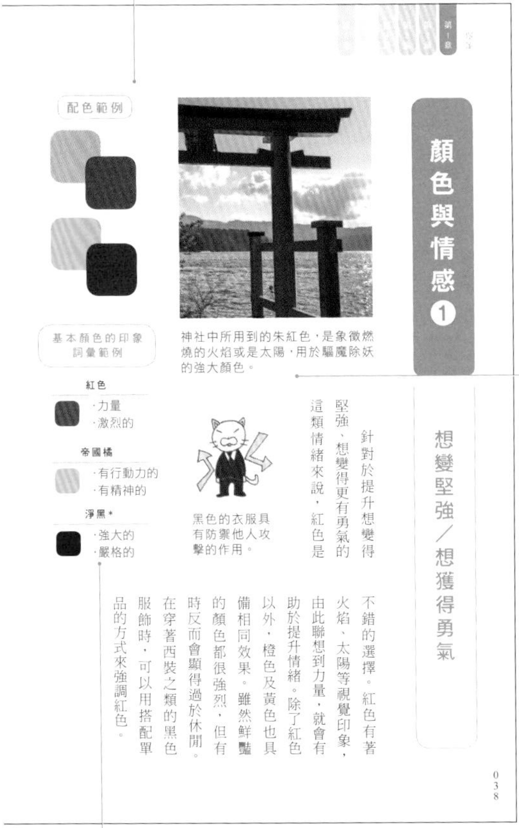
第1章
序章
顏色與情感 1
想變堅強／想獲得勇氣
針對於提升想變得堅強、想變得更有勇氣的這類情緒來說，紅色是不錯的選擇。紅色有著火焰、太陽等視覺印象，由此聯想到力量，就會有助於提升情緒。除了紅色以外，橙色及黃色也具備相同效果。雖然鮮豔的顏色都很強烈，但有時反而會顯得過於休閒。在穿著西裝之類的黑色服飾時，可以用搭配單品的方式來強調紅色。
神社中所用到的朱紅色，是象徵燃燒的火焰或是太陽，用於驅魔除妖的強大顏色。
黑色的衣服具有防禦他人攻擊的作用。
配色範例
基本顏色的印象詞彙範例
紅色
·力量
·激烈的
帝國橘
·有行動力的
·有精神的
淨黑*
·強大的
·嚴格的
038

活用範例

搭配插畫來介紹具體的活用方式。

詞彙印象範例

介紹從顏色所感受到的普遍印象所轉化過來的詞彙。

從下一頁開始喔

色名

此欄會介紹具代表性的六個顏色。雖然選擇使用一般大眾都有在使用的色名，但考慮到名稱也會產生很重要的心理效應，因此名稱的選擇也相當慎重。如色名的後面有加上「*」時，就代表著此名稱平常不會使用到，在使用該名稱時請注意。請不要用單點的方式來看顏色，請用範圍來認定。在其他色名辭典以及本書中也都會有同樣的色名，即使色名相同，實際顏色也會有著些許的差異。

顏色的數值

為了更實際地選擇顏色，不拘泥於使用JIS規格，而是選擇經常使用的顏色，再以該顏色為基準得出孟塞爾數值。因此，該數值並不會與JIS數值相同，而且是從孟塞爾數值推算出CMYK與RGB的相近數值。因為是取CMYK與RGB的相似數值，因此雙方數值也不一定都會完全相同。

顏色的種類

根據主題不同，有時候會出現數個顏色的系統。比如說，想變強時要看的顏色不會只有紅色系，此處也會介紹其他不同類型的顏色。這是考慮到對顏色與情感的感受方式因人而異，而且有著複數的感知方法，才會如此設計。

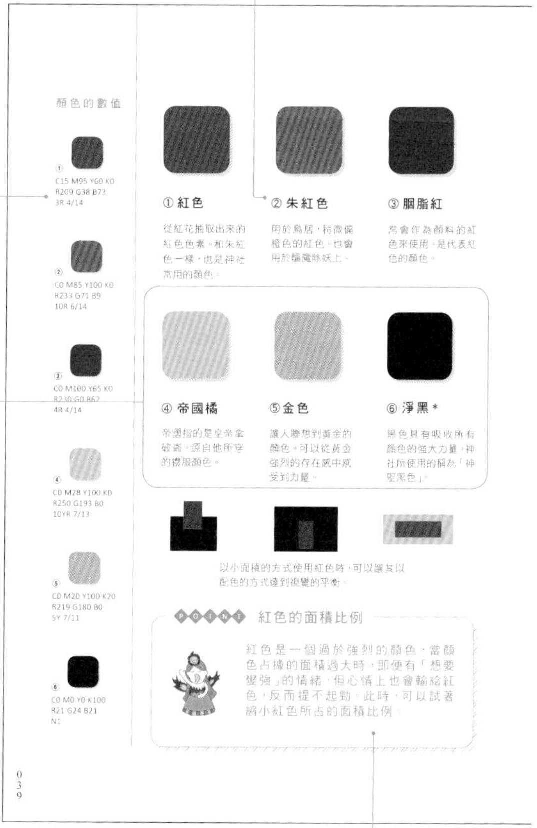

顏色的數值
①
C15 M95 Y60 K0
R209 G38 B73
3R 4/14
②
C0 M85 Y100 K0
R233 G71 B9
10R 6/14
③
C0 M100 Y65 K0
R230 G0 B62
4R 4/14
④
C0 M28 Y100 K0
R250 G193 B0
10YR 7/13
⑤
C0 M20 Y100 K20
R219 G180 B0
5Y 7/11
⑥
C0 M0 Y0 K100
R21 G24 B21
N1
① 紅色
從紅花抽取出來的紅色色素。和朱紅色一樣，也是神社常用的顏色。
② 朱紅色
用於鳥居，稍微偏橙色的紅色。也會用於驅魔除妖上。
③ 胭脂紅
常會作為顏料的紅色來使用。是代表紅色的顏色。
④ 帝國橘
帝國指的是皇帝拿破崙。源自他所穿的禮服顏色。
⑤金色
讓人聯想到黃金的顏色。可以從黃金強烈的存在感中感受到力量。
⑥ 淨黑*
黑色具有吸收所有顏色的強大力量。神社所使用的稱為「神聖黑色」。
以小面積的方式使用紅色時，可以讓其以配色的方式達到視覺的平衡。
POINT 紅色的面積比例
紅色是一個過於強烈的顏色，當顏色占據的面積過大時，即使有「想要變強」的情緒，但心情上也會輸給紅色，反而提不起勁。此時，可以試著縮小紅色所占的面積比例。
039

色彩神的小建議

橙色神會給予運用顏色與連結情感的相關建議。

顏色與情感①

想變堅強／想獲得勇氣

針對於提升想變得堅強、想變得更有勇氣的這類情緒來說，紅色是不錯的選擇。紅色有著火焰、太陽等視覺印象，由此聯想到力量，就會有助於提升情緒。除了紅色以外，橙色及黃色也具備相同效果。雖然鮮豔的顏色都很強烈，但有時反而會顯得過於休閒。在穿著西裝之類的黑色服飾時，可以用搭配單品的方式來強調紅色。

神社中所用到的朱紅色，是象徵燃燒的火焰或是太陽，用於驅魔除妖的強大顏色。

黑色的衣服具有防禦他人攻擊的作用。

配色範例

基本顏色的印象詞彙範例

紅色
- 力量
- 激烈的

帝國橘
- 有行動力的
- 有精神的

淨黑＊
- 強大的
- 嚴格的

顏色的數值

①
C15 M95 Y60 K0
R209 G38 B73
3R 4/14

②
C0 M85 Y100 K0
R233 G71 B9
10R 6/14

③
C0 M100 Y65 K0
R230 G0 B62
4R 4/14

④
C0 M28 Y100 K0
R250 G193 B0
10YR 7/13

⑤
C0 M20 Y100 K20
R219 G180 B0
5Y 7/11

⑥
C0 M0 Y0 K100
R21 G24 B21
N1

① 紅色

從紅花抽取出來的紅色色素。和朱紅色一樣，也是神社常用的顏色。

② 朱紅色

用於鳥居，稍微偏橙色的紅色。也會用於驅魔除妖上。

③ 胭脂紅

常會作為顏料的紅色來使用。是代表紅色的顏色。

④ 帝國橘

帝國指的是皇帝拿破崙。源自他所穿的禮服顏色。

⑤金色

讓人聯想到黃金的顏色。可以從黃金強烈的存在感中感受到力量。

⑥ 淨黑*

黑色具有吸收所有顏色的強大力量。神社所使用的稱為「神聖黑色」。

以小面積的方式使用紅色時，可以讓其以配色的方式達到視覺的平衡。

POINT 紅色的面積比例

紅色是一個過於強烈的顏色，當顏色占據的面積過大時，即便有「想要變強」的情緒，但心情上也會輸給紅色，反而提不起勁。此時，可以試著縮小紅色所占的面積比例。

顏色與情感 2

想在他人眼中變美

從久遠以前開始，淡紫色就是相當受人喜愛的顏色，也數次以流行顏色之姿出現在歷史中。

想要看起來美麗，就要選擇粉紅色來提升這種心情以加強對美的意識。還有像是紫藤色、歐丁香色等淡紫色，從以前就都是屬於女性喜好，並且也是讓女性看起來更加美麗的顏色。白色同樣是可以讓女性變得年輕貌美的顏色，透過與其他顏色搭配，可以獲得更好的效果。從科學角度來說，白色牆壁的房間也有讓女性變美的效果。搭配上淡紫色系的衣服，可以讓女性看起來更具魅力。

粉紅色、紫色與白色的搭配更能提升效果。

配色範例

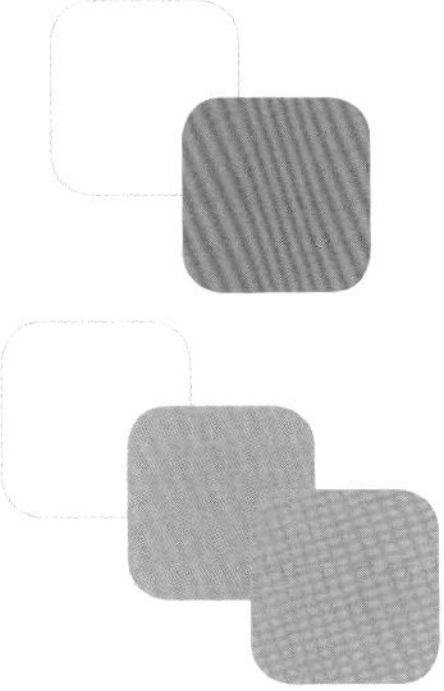

基本顏色的印象詞彙範例

法國薔薇紅
- ·細膩的
- ·溫柔的

教會白
- ·有清爽感
- ·清純的

歐丁香色
- ·高雅
- ·女性的

顏色的數值

①
C0 M51 Y13 K0
R240 G154 B174
9RP 7/9

②
C5 M72 Y0 K0
R227 G102 B161
6RP 6/12

③
C0 M24 Y0 K0
R248 G212 B228
7.5RP 9/3

④
C27 M42 Y0 K0
R192 G158 B200
6P 7/8

⑤
C29 M56 Y0 K0
R187 G128 B180
7.5P 7/8

⑥
C0 M0 Y10 K0
R255 G253 B237
10Y 9/1

① 法國薔薇紅

18世紀法國沙龍界的流行色。給人優雅的裝飾印象。

② 淡紫粉紅

以粉紅色蘭花為概念的顏色。稍微偏紫色。

③ 櫻花色

櫻花花瓣的顏色。讓女性從內在開始變溫柔、變美的顏色。

④ 歐丁香色

原產自東歐的春之花。日文名稱為紫丁香。

⑤ 正裝淡紫色*

以錦葵花為概念的正裝顏色。

⑥ 教會白

源於修道士所穿的白色僧侶衣。有著清純又高雅的白色概念。

粉紅色整體來說都偏向紫色。透過與白色搭配，可以呈現出優雅的形象，並引導出想讓自己看起來更美的行動。

POINT 與年輕美麗有關的顏色

除了情感方面的因素外，粉紅色作為可以讓身體保持年輕的顏色也眾所皆知。同樣地，白色系的顏色以及淡紫色也被預期有著促進內分泌、增添美麗的效果。

顏色與情感 3

想要被愛

當想被他人所愛時，會想看到的就是粉色系的顏色。粉紅色是種可以刺激他人保護欲的顏色，容易誘發對方產生「想保護你」的想法，女性運用此顏色裝飾自己是最具效果的。紅色則是著名的有助於提昇女性評價的顏色，可以改變男性的情感。紫色系的顏色則可以讓女性看起來更美麗典雅。

因為每個人對不同顏色產生反應的程度有別，因此就多多嘗試來觀察對方的反應吧。

粉紅薔薇的花語是「愛的誓言」，也是表現愛的顏色。

穿著紅衣服的女性有著獲得男性高評價的傾向。

配色範例

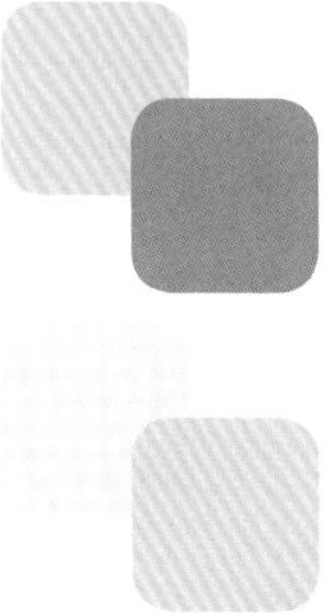

基本顏色的印象詞彙範例

嬰兒粉
- ·柔和的
- ·溫馴的

皇家紫*
- ·高雅的
- ·華貴的

淑女紅*
- ·熱情的
- ·女性的

顏色的數值

①
C0 M26 Y11 K0
R249 G207 B209
7RP 8/4

②
C0 M52 Y12 K0
R241 G152 B175
5RP 7/10

③
C45 M50 Y0 K0
R153 G131 B187
4P 6/6

④
C46 M82 Y3 K0
R153 G68 B146
8P 4/10

⑤
C4 M90 Y50 K0
R225 G53 B86
2R 5/14

⑥
C30 M0 Y0 K0
R198 G231 B249
10B 9/3

①嬰兒粉

常用於剛出生嬰兒衣服上的粉紅色。是母愛的象徵。

②馬爾邁松玫瑰

源於拿破崙的皇后約瑟芬居住的豪宅中所種植的薔薇。

③若紫色

同時也是《源氏物語》其中一卷的名稱。明亮的紫色。

④皇家紫*

同時擁有王室傳統的高雅以及華貴的氣氛。

⑤淑女紅*

穿著紅衣服的女性有著容易獲得男性高評價的傾向。

⑥嬰兒藍

藍色是聖母瑪莉亞的顏色。是祈禱嬰兒受到守護的淡藍色。

基本上「紅色」肯定具備最強烈的效果。除了上面的顏色以外，也可以概括紅紫色到紫色為止的顏色。

POINT 粉紅色對愛是有效的？

粉紅色有著各式各樣的顏色效果，不只能讓人被愛，還可以穩定心情，使人看起來變美。擅長運用粉紅色就代表對顏色效果是十分有研究的人呢！

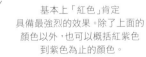

顏色與情感 4

想要關係昇溫

若想讓彼此間的感情變好，帶給人親近感印象的橘色具備一定功效，所以試著以橙色為中心來搭配看看吧。適合與橙色搭配的顏色是黃色，黃色給人明亮、快樂的印象，與橙色搭配時會更能發揮效用。

另外，根據對象不同，使用綠色系來搭配或是單獨使用橙色都可以刺激想要讓關係更進一步的情緒。也可以用於小配件、洋裝或是提包等各式各樣的物品上。

餐桌上橘子的顏色給人一股親近感，會讓我們感到安心。

一起看夕陽時，會產生一種不可思議的一體感。

配色範例

基本顏色的印象詞彙範例

休閒橘色＊
- ·有親近感
- ·令人懷念

日出黃色
- ·明亮的
- ·快樂

友情綠＊
- ·平穩的
- ·溫柔

① 蜜柑色

成熟橘子的顏色。從江戶時代開始，就是日本常見的顏色。

② 休閒橘色＊

用於流行的當代藝術或是商品，容易親近的顏色。類似於橙色的顏色。

③ 日出黃色

表現太陽的黃色。是一種像是開朗笑容的顏色，有助於拉近朋友之間的關係。

④ 銀荊黃

銀荊的花語是「友情」。受到眾人所喜愛。

⑤ 友情綠＊

帶著溫柔的印象，有親近感的黃綠色。

⑥ 藍松色

位於綠色與藍色之間的顏色。會吸引誠實的夥伴。

把上面①到⑥的顏色值
排成一條線時，可以看到
從橘色到藍綠色漂亮的色彩梯度。
對於想要促使關係有所進展的人來說，
這個範圍的顏色是最具效果的。

POINT 如果覺得橘色太過搶眼的話

對於內向的人來說，像橘色這般的暖色也會覺得過於高調。此時請嘗試使用黃色、黃綠色、綠色以及藍綠色。

顏色的數值

①
C0 M60 Y84 K0
R239 G136 B40
4YR 7/13

②
C0 M50 Y93 K0
R242 G150 B10
5YR 7/14

③
C0 M8 Y89 K0
R255 G229 B3
4Y 8/14

④
C7 M14 Y71 K0
R242 G216 B93
3Y 8/8

⑤
C55 M0 Y94 K0
R127 G190 B54
7GY 7/10

⑥
C91 M0 Y36 K0
R0 G164 B174
1B 6/10

顏色與情感 5

想要放鬆

想放鬆的時候可以看「本色」，這是一種像羊毛的顏色，有時也被稱為米色，是會讓人自然地冷靜下來的色彩，引導人進入放鬆狀態。

另外，綠色系的顏色也有放鬆效果。綠色讓心靈感到溫柔，對眼睛也有著溫和的功效。因為這些顏色均適用於讓人放鬆的場域，因此若用於裝潢、在房間裡會看到的物品上，就會特別有效果。

和室的色彩及從和室中看到的景色，都充滿著令人放鬆的顏色。

觀賞用植物不只對眼睛好，也可以安定心靈。

配色範例

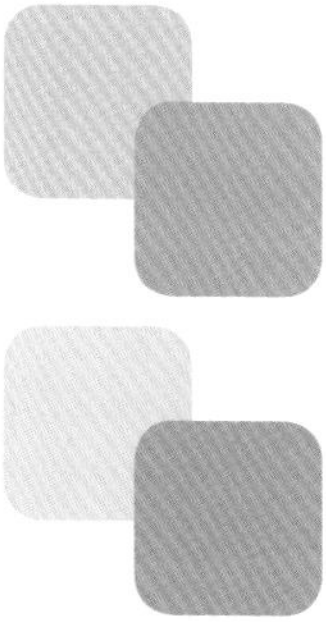

基本顏色的印象詞彙範例

本色（Ecru）
- ·樸素的
- ·沉著

鶸色（黃綠色）
- ·溫柔
- ·年輕

中庭的樹蔭＊
- ·自然的
- ·安心

顏色的數值

①
C15 M24 Y40 K0
R222 G197 B157
1Y 8/3

②
C46 M23 Y54 K0
R153 G173 B130
7GY 7/4

③
C53 M25 Y81 K0
R137 G162 B79
5GY 6/6

④
C23 M40 Y3 K0
R201 G164 B200
5P 7/6

⑤
C23 M4 Y80 K0
R211 G218 B75
1GY 8/8

⑥
C41 M5 Y17 K0
R159 G208 B213
5B 8/3

① 本色（Ecru）

Ecru為法文，本意是「原有的樣子」，也指尚未加工的狀態。像是羊毛一樣的溫柔顏色。

② 抹茶色＊

抹茶的淡茶色。想放鬆和休息的顏色

③ 中庭的樹蔭＊

在中庭裡形成樹蔭的矮木們的顏色。安穩的綠色。

④ 紅藤色

偏紅色的藤色。有時候和知名的歐丁香色視作同一種顏色。

⑥ 鶸色

黃雀羽毛的亮淡黃綠色。範圍很廣，也有比較濃的顏色（如JIS的鶸色等）。

⑥ 瓶覗色

非常淡的藍染色。比水色還要來得淺，給人一股穩重的感覺。

粉彩色整體來說都是可以讓人放鬆的顏色。

POINT 和室中的顏色效果

本色、米色以及平靜的綠色系顏色都是和室會運用的色彩。日本人看到和室中的顏色就會感到放鬆，建議可以多使用一點本色色系以及木頭色系的顏色。

顏色與情感⑥

想要被治癒

想被治癒時可以多看綠色。綠色大多被視為再生與誕生的顏色，也經常當作能療癒心靈的顏色。同時綠色因位於可視光譜的中心，具有帶來安心感以及穩定心靈的效用，是種可以減緩壓力、放鬆身心的色彩。另外，藍綠色以及藍色系的顏色也有安定心靈及療癒的效果。在種有植物及擺設綠色物品的環境中放鬆心情是個不錯的選擇。除了真實的綠色物品外，山脈的照片也有很優的效果。

據説薄荷葉及莖的綠色具有療癒的效果。

身處於綠色環境中，也有助於集中心神讀書的效果。

配色範例

基本顏色的印象詞彙範例

薄荷綠

·清爽
·沉著

清爽綠色＊

·和諧
·自然的

淡青藍

·純淨的
·清澄的

顏色的數值

①
C64 M0 Y58 K0
R88 G186 B135
5G 7/8

②
C77 M9 Y93 K0
R25 G160 B69
2G 5/9

③
C73 M4 Y52 K0
R44 G173 B141
2BG 7/8

④
C30 M0 Y10 K0
R182 G225 B232
10BG 9/2

⑤
C52 M25 Y0 K0
R130 G169 B218
5PB 6/5

⑥
C90 M70 Y0 K0
R28 G80 B161
5PB 3/12

① 薄荷綠

來自薄荷葉及莖的綠色。給人清爽的印象。

② 清爽綠色 *

以植物新生的綠葉為概念，充滿朝氣、滿溢生命力的綠色。

③ 綠松色

綠松石中帶有綠色的色彩。紓解壓力的效果可受期待。

④ 淡青藍

表現水的顏色，淡淡的藍綠色。會讓人聯想起水的療癒感。

⑥ 勿忘草色

勿忘草的花朵顏色。淡藍的色彩會撫慰心靈。

⑥ 青金岩藍

一種貴重金屬的顏色。在埃及等地經常用此色彩來裝飾。

據說粉紅色、淡橙色以及茶色系的顏色也都有慰藉的效用。

POINT **內向的人想被療癒的時候**

除了綠色以外，藍色系的顏色也具有療癒效用。但對內向的人來說，藍色反而會導致不安，這時候就使用淡橙色或是粉紅色吧。

顏色與情感 7

想冷靜下來

如果是想要控制情緒、保持冷靜，就要以藍色基調的顏色為主。為了不要給人過於冷酷的印象，關鍵在於加入較深的顏色來製造出冷靜的意象。要特別注意不要讓整體色彩過於偏向紫色，偏向紫色時，有可能會使情緒變得不穩定。可以試著和勝色、海軍藍等濃厚顏色搭配使用。當心靜不下來時，用於衣服及持有物上，有助於恢復冷靜。

想讓自己冷靜下來時，抬頭看向天空，試著邊看藍色邊深呼吸數秒鐘。

想要冷靜時，推薦穿著深藍色系的衣服。

配色範例

基本顏色的印象詞彙範例

勝色
- 安定
- 沉著

天藍色＊
- 晴朗的
- 自然的（海洋／天空）

蔚藍色
- 爽朗的
- 冷靜的

顏色的數值

①
C88 M82 Y52 K20
R47 G57 B87
5PB 3/6

②
C81 M41 Y21 K0
R21 G124 B167
1PB 5/8

③
C100 M96 Y45 K9
R25 G44 B93
7PB 2/7

④
C74 M24 Y8 K0
R38 G151 B203
2PB 6/9

⑤
C95 M30 Y21 K0
R0 G131 B177
10B 5/8

⑥
C94 M49 Y52 K0
R0 G108 B118
9BG 4/8

① 勝色

即使是在藍染工藝中，也要重複染色之後才會出現的色彩。也稱為褐色。

② 冷靜藍＊

給人冷靜及穩重感的藍色。類似江戶時代干草色（藍）的顏色。

③ 海軍藍

英國海軍制服的深色。在高貴且莊嚴的氛圍中給人冷靜的感覺。

④ 天藍色＊

在晴天中午時，抬頭望向天空會看到的顏色。能讓心冷靜下來的藍色。

⑥ 蔚藍色

在繪圖時用於表現天空色彩的顏色。英文名稱「cerulean」來自於拉丁文的「天空」一詞。

⑥ 納戶鼠色

江戶時代，收納衣物的昏暗房間的顏色。會使人變得沉著冷靜。

雖然藍色系的色彩有著能讓內心冷靜的效用，
以色相來說，不要太偏向紫色
會比較容易讓心穩定下來。
特別注意的是明亮顏色的使用。

POINT **讓人冷靜的顏色因人而異**

即使都是藍色，能夠發揮效果的明亮度也是因人而異。個性偏內向的人可以試著使用亮一點的顏色來搭配。

顏色與情感 8

想激發創作欲

想進行創作時就使用藍色吧。藍色是一種可以提高創作能量的顏色，幫助讓心沉著冷靜，提升創作的靈感。藍色系的顏色中有許多以畫家名字來命名的顏色。和可以使人放鬆的顏色一起搭配使用，效果更顯著。其他如紫色或是粉紅色也有助於創作活動。不光是把藍色實際用於創作中，也可以將藍色活用於裝潢以及布料等物品上。

藍色是能刺激創作活動的顏色。當思緒卡住的時候，藍色很能發揮效用。

找看看哪一種藍色最能夠刺激自己的創作欲。

配色範例

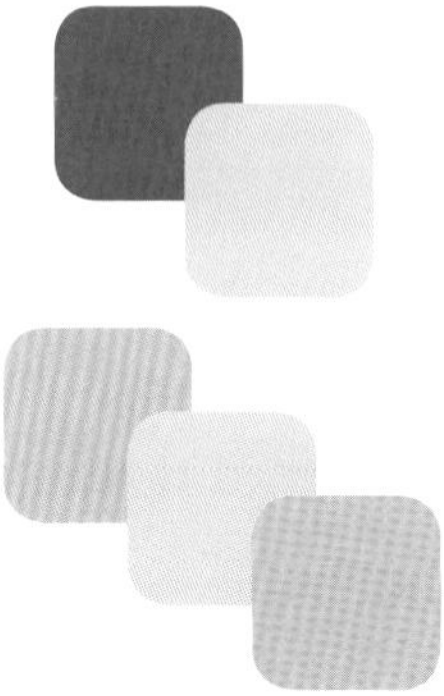

基本顏色的印象詞彙範例

馬諦斯藍

- 有集中力
- 正向的

地平線藍

- 浪漫的
- 純淨的

藤色

- 獨特的
- 幻想的

顏色的數值

①
C69 M32 Y0 K0
R77 G145 B206
5PB 5/11

②
C97 M55 Y0 K0
R0 G99 B177
3PB 4/12

③
C40 M0 Y8 K0
R159 G215 B233
7.5B 7/4

④
C35 M25 Y0 K0
R176 G184 B221
10PB 7/7

⑤
C53 M61 Y0 K0
R137 G108 B173
2.5P 5/10

⑥
C0 M40 Y5 K0
R243 G179 B201
5RP 7/7

① 莫內藍

印象派代表畫家莫內愛用的藍色。常用於描繪天空以及池塘的顏色。

② 馬諦斯藍

名稱來自於20世紀的代表畫家馬諦斯，他也被稱為色彩的魔術師。

③ 地平線藍

一種表現天空的顏色。代表著大地與天空連接處的顏色。

④ 藤色

比紫藤色還要再明亮一點的紫色。有助於提高創作時的感性。

⑥ 夏卡爾紫

色彩的詩人夏卡爾所使用的紫色，是稍微偏藍色的紫色。

⑥ 甜美玫瑰色

甜美溫柔的薔薇顏色。有助於重整心情，適合創作活動。

也有人是受到黃色及黃綠色的明亮感刺激後，才進入創作的情緒中。

POINT 關鍵在於明度

能夠刺激創作活動的顏色以藍色為中心。但是，對感性豐富、帶有藝術家氣息的人來說，紫色有時比藍色更能激發創作力。尤其是明度的部分，和明度低的顏色相比，明度高的顏色往往更顯效果。

顏色與情感 9

想被信任

當想要營造出能被信賴的感覺時，就是以藍色系中的深藍色或是深紺色為主。另外，黑色、白色等的無彩色也是容易產生信賴感的顏色，給人一種界限分明，不易動搖的印象。

另外，因為綠色會使心情沉穩並帶來安心感，因此也是一種容易與信賴聯想在一起的顏色。綠色會活用在律師事務所的招牌以及醫院診療室的內裝等場所。

在法院工作的法律相關從業人士，執勤時規定要穿著黑色的衣服。

紺色或是深藍色的衣服可以提升他人的信賴感。

配色範例

基本顏色的印象詞彙範例

紺色
- ·沉著
- ·有信賴感

法袍色
- ·有威嚴的
- ·認真的

可靠綠＊
- ·可以安心
- ·安全的

顏色的數值

①
C100 M90 Y38 K50
R0 G26 B69
7.5PB 2/4

②
C80 M60 Y0 K50
R33 G58 B112
6PB 3/4

③
C0 M0 Y0 K100
R21 G24 B21
N1

④
C0 M0 Y1 K0
R255 G255 B253
N9.5

⑤
C82 M0 Y80 K0
R0 G166 B96
3G 5/9

⑥
C80 M44 Y97 K6
R57 G116 B57
5GY 4/6

① 深紺色

把紺色染得更深之後的藍染色稱為深紺色。指的是所有接近黑色的藍色。

② 紺色

在藍染色中屬於比較深的顏色。是一直受到眾人喜愛的顏色。

③ 法袍色

法袍的主要顏色。給人一種不會染上任何顏色、能夠信賴的意象。

④ 潔白色*

帶有潔白及純白感的白色。給人清澄且值得信賴的感受。

⑥ 可靠綠*

在律師事務所等十分要求信賴感的場所中會使用的綠色。

⑥ 常綠色

以常綠植物的松樹為概念的綠色。

能給人信賴感的顏色基本上
以低明度及低彩度為主，
不過白色給人清澄又誠實的印象，
而綠色也會給人安心又安全的印象，
都能和信賴感產生聯結。

POINT 根據不同用途表現信賴感

即使都是「信賴感」，但紺色及黑色有著不會被任何人染指的強烈意象，因此帶有信賴感。綠色則有著能打開他人心房的信賴感，可以根據用途分別使用。

顏色與情感⑩

想防止壓力累積

想要讓自己遠離壓力的時候，可以用黑色或是深灰色來作為保護色。

另外，有彩色之中，黃色系的鮮豔色彩也是屬於強力的顏色，被認為擁有反彈壓力的效果。因為黑色有強調其他顏色的效果，因此與有彩色搭配使用也有不錯的功效。如果預期在會議中可能遭受敵手的攻擊時，推薦穿著黑色或是灰色的衣服。想要帶有「強力」情感的時候，可以增加暖色（P．38），想要加強防禦部分時，就多增加一點黑色。

彷彿可以讓人聯想到鐵金屬的黑色，給人強大的印象。

利用白與黑的對比來增加防禦力。

配色範例

基本顏色的印象詞彙範例

鐵黑色
- 銅牆鐵壁般的防守
- 嚴格的

鈦白色
- 隱藏的
- 強大的

鉻黃色
- 明亮的
- 眩目的

顏色的數值

①
C0 M20 Y20 K98
R39 G18 B10
N1.5

②
C72 M80 Y50 K60
R50 G30 B51
5RP 2/2

③
C5 M15 Y0 K85
R72 G64 B68
5P 3/1

④
C0 M0 Y0 K1
R254 G254 B254
N9.5

⑤
C0 M20 Y96 K0
R252 G208 B0
3Y 8/12

⑥
C0 M65 Y70 K0
R237 G120 B72
10R 6/12

① 鐵黑色

鐵化合物的黑色。鐵給人強大的印象，能守護我們的心。

② 砲銅色

青銅（銅合金）的顏色。常用於武器大砲身上。帶著紫色的黑色。

③ 炭灰色

炭指的是木炭。在眾多灰色中，近似黑色的灰色代表色。

④ 鈦白色

概念來自於鈦金屬的白色。這種顏料有著強大的隱藏力以及著色能力。

⑥ 鉻黃色

由鉻這種礦物製成、鮮豔且強烈的黃色。

⑥ 黃丹色

會用於皇太子衣袍上的顏色。象徵日出的顏色。

白色是一種根據搭配顏色的不同，
可以展現溫柔／強大的顏色。
和黑色搭配時，會強調單色的力度。
減少白色的面積反而可以提升
黑色的強度，更具效果。

POINT 和療癒、放鬆的顏色分開使用

這些顏色可以保護我們避免壓力積累，但是，當它們輸給壓力時，我們也會跟著被擊倒，這時候可以運用療癒、放鬆的顏色來治癒自己。

顏色與個性的關聯性

顏色的喜好會投影出個性

◉顏色也會影響個性

根據特定的心靈狀態或是思考邏輯不同，人會傾向追求特定的顏色。知道喜好的顏色就可以推測出對方的個性傾向，**因為喜歡的顏色與個性有著強烈的相互關係。**比如說，喜歡粉紅色的人，大多是個性偏細膩又溫柔的。

為什麼會有這種現象呢？其中一個主要的理由是，當人從顏色感受到的心理意象與他的某一個性傾向一致時，會覺得心情特別舒暢。例如，粉色細巧、溫柔的意象，正好和性格一致時，就會感到心情愉悅，並會把對該顏色的喜好展露出來。另外，當看到特定的顏色時，個性也會產生微小的變化，**顏色甚至會影響到個性。**看到粉紅色時，就會展現出溫柔又貼心的一面，個性不只會以顏色的喜好之姿呈現出來，同時顏色也會影響個性，目前世界上正在以科學方式進行這方面的研究。

◉喜歡複數顏色的人的個性

喜歡多種顏色的人同時會受到複數顏色的影響。喜歡粉紅色以及紅紫色的人，會受到粉紅色「細巧的」、「溫柔的」意象所影響，接著又會受到紅紫色「直覺的」、「行動的」心理印象影響。因此可以說那人有著和婉又溫柔的個性，同時又有一部分的性格是依靠直覺而行動的。

顏色與個性的關係

粉紅色的顏色印象

·細膩
·溫柔

喜歡粉紅色的人之個性

·細膩
·溫柔

顏色的心理印象與心中的個性傾向一致。
顏色所帶來的舒暢感覺，使得該顏色容易變成「喜歡的顏色」。

紅紫色的顏色印象

·直覺的
·行動的
·渴望他人的認可

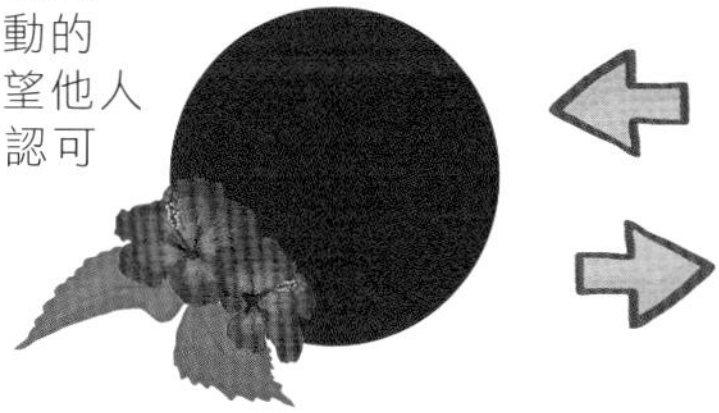

喜歡紅紫色的人之個性

·直覺的
·行動的
·渴望他人的認可

因為個性的影響，會追求特定的顏色，另外，也會因為擁有該顏色的物品，使得個性受到影響。

POINT 一慣性與獨自性

所謂的「個性」，指的是人的獨立思考及行為傾向，而個性有著一貫性和獨自性。一貫性指的是經常出現同樣的思考並採取相同的行動；獨自性則是指在同樣的狀況下，每個人都會出現各自不同的反應。

喜歡的顏色與個性 1

紅色／淡粉紅色／深粉紅色

◉喜歡紅色的人的個性

喜歡紅色的人活潑、有行動力，且正義感強烈，會積極地展現出自己的心緒，個性愛好與人來往，人際關係也相當良好。紅色也是愛情的顏色，所以會無意識地追求愛情，同時也能付出所愛。喜歡紅色但又不是行動派的人，就表示他對紅色有著憧憬，這類型的人會想成為行動派，並努力朝向紅色的意象性格邁進。

◉喜歡淡粉紅色的人的個性

喜歡淡粉紅色的人有著溫柔、溫和的性格，是寬厚的和平主義者。同時也有著隱微又容易受傷、愛幻想的一面；好奇心旺盛，對各式各樣的東西都有興趣。若為女性，大多會嚮往幸福的婚姻，男性則可能會有愛撒嬌的個性。雖然在處理人際關係方面相當高明，但並不積極，經常會因為太在意對方的話語而受傷。

◉喜歡深粉紅色的人的個性

喜歡深粉紅色的人知性、文化程度高，是頭腦很好的人。也有人會像喜歡紅色那樣，非常具有行動力。雖有著隨性又感性的部分，但也會採取戰略性的行動。看起來思考細微，想要受到重視；強烈地希望受到他人矚目，也容易會因為他人目光而採取行動。能妥善地處理人際關係。

喜歡的顏色與個性

喜歡紅色的人的個性

- 行動派，會不停地表現出自己的思緒
- 正義感強，性格外向
- 也有人對紅色充滿憧憬，想變成積極的行動派
- 喜歡與人接觸，人際關係良好

喜歡淡粉紅色的人的個性

- 溫柔且溫和
- 細膩且容易受傷
- 部分人喜歡幻想
- 會過於在意人際關係，且經常因此受傷

喜歡深粉紅色的人的個性

- 有知性、文化程度高
- 有著活潑好動的一面
- 有時會展現出女子力的一面
- 處理人際關係相當圓滑

喜歡的顏色與個性 2

橘色／黃色／黃綠色

◉ 喜歡橘色的人的個性

喜歡橘色的人非常活潑且開朗，是精力充沛的人會喜歡的顏色，同時有著好勝心強、討厭落敗的另一面。也有的人喜怒哀樂非常明顯、非常情緒化。會積極地展開社交活動，喜歡和人共處，而且因為重視夥伴的關係，會讓人們想要聚集在他的周圍。有著會將決定好的事情貫徹到底的行動力，再加上受到眾人喜愛、容易與人親近的特質，使得喜好橘色的人充滿魅力，但有時也會因為想要炒熱氣氛而過度勉強自己。

◉ 喜歡黃色的人的個性

喜歡黃色的人偏好新鮮或是與眾不同的事物，個性相當獨特。黃色是充滿知性且有著強烈自我提升傾向的人會喜歡的顏色。他們非常有個性，經常會想出獨一無二的點子，並且說話有趣，是團體中公認的中心人物。因為受到大家的愛戴，所以人際關係良好，但如果無法被他人所理解，就很可能會被孤立。

◉ 喜歡黃綠色的人的個性

和喜歡黃色的人相比，喜歡黃綠色的人是具有創造力且溫柔的類型。觀察力以及洞察能力優秀；相當有個性，也有很多人之所以喜歡黃綠色是想要讓自己變得很有個性。另外從事創作工作的人也會有喜歡黃綠色的傾向。這些人擅於觀察並分析他人，因此會巧妙地調整人際關係，但似乎並非多數都喜歡與人親近。

喜歡的顏色與個性

喜歡橘色的人的個性

- 活力充沛且開朗
- 好勝心強，討厭吞下敗仗
- 喜好社交，相當重視同伴
- 可以和各式各樣的人構築好交情

喜歡黃色的人的個性

- 幽默又獨特的個性
- 喜歡新鮮事物
- 常有獨一無二的想法
- 團體的中心人物

喜歡黃綠色的人的個性

- 喜歡創意性的事物
- 非常有個性，或是想要變得有個性
- 有著優秀的觀察力或是洞察力
- 喜歡觀察他人，在意別人的視線

喜歡的顏色與個性③

綠色／藍綠色／青色

喜歡綠色的人的個性

喜歡綠色的人具有社會性，個性認真；是和平主義者，不好與人爭執。不會隨波逐流，而是有著強烈的信念，且會根據該信念行動。喜歡綠色的人大多也喜好自然，想要在被綠色圍繞的環境下生活。多數在都會中生活的人都十分渴望「和平」以及「自然」，也有人因為這種願望而變得喜歡綠色。通常會給人一種懂禮儀、表裡如一的個性。

喜歡藍綠色的人的個性

喜歡藍綠色的人高雅且低調，性格冷靜。不太會把喜怒哀樂表現出來，也鮮少分享自己的事情；富有感性，感興趣的事物與他人不同。藍綠色是海洋以及天空的環境顏色，所以也有因為藍綠色或藍色而喜歡上戶外的人。然而在人際關係上，有時會讓人覺得難以親近。

喜歡青色的人的個性

喜歡青色這種鮮豔藍色的人，擅長表現自己，獨立心旺盛。具有協調性，屬於守規矩、有禮節的人。會在不破壞共識的前提下，提出自己的意見。有著會為他人著想的心，即使是面對不擅交際的對象，也能認真地打好關係。

喜歡的顏色與個性

喜歡綠色的人的個性

- 謀求和諧的和平主義者
- 沉穩且擁有強大的信念
- 並不喜歡與人接近，但是相當有禮貌，表裡如一

喜歡藍綠色的人的個性

- 不會把喜怒哀樂表現出來
- 因為低調的個性，所以經常拒絕他人
- 也有喜歡戶外活動的人
- 可能會被認為難以相處

喜歡青色的人的個性

- 重視協調性，但會表達自己的意見
- 溫柔且有濃厚的愛情表現
- 非常會表現自己
- 不太擅長與人爭執

喜歡的顏色與個性④

群青色／水藍色／紺色

喜歡群青色的人的個性

在眾多藍色中，喜歡群青色這種較深卻亮眼顏色的人，在個性上相當重視和諧以及協調性。不喜歡爭執，因此會把自己放在第二順位去配合其他人。在面對新挑戰時，有著會高估風險而駐足不前的傾向，也有不少喜歡群青色的人展現出保守的一面。不常出現突發性的行動，會有計畫地推動事物。充滿知性，因此適合協調、統整的工作。

喜歡水藍色的人的個性

喜歡水藍色的人熱愛創作表現，雖然富有感性，但並不會被感覺所支配，而是擅長以理論的方式呈現。因為這個顏色很淡，容易受到其他顏色影響，個性上也會根據其他喜好的顏色而受到影響。與白色或是粉紅色搭配時，就會變成溫柔的表現者，與紫色連結時，就會變得更加感性，成為富含創造力的個性。

喜歡紺色的人的個性

喜歡紺色這種在藍色系中偏深色的人擁有優秀的判斷力以及智慧，也有些人求知欲高且愛好閱讀。因為喜好權威感，所以會覺得需要擔負責任的工作相當有價值。若不知道為什麼會喜歡紺色，也可能是想尋求紺色的穩定感。雖然沒有自覺，但要小心在講話方式上避免過於強勢、給人一股高高在上的感覺。

喜歡的顏色與個性

喜歡群青色的人的個性

- 重視全體的和諧與協調
- 有著保守的一面
- 看重計畫，不會貿然行動
- 和自己的意見相比，容易重視他人的意見

喜歡水藍色的人的個性

- 擅長運用工具進行創作
- 會分析問題並以理論的方式去構成論述
- 能自由地表達自己的心情
- 懂得迴避無意義的競爭以建立人際關係

喜歡紺色的人的個性

- 擁有判斷力及智慧
- 情緒穩定
- 追求權威，會從事需要擔負責任的工作
- 有時會讓他人覺得太過驕傲

喜歡的顏色與個性 5

紫色／紅紫色／紫藤色

喜歡紫色的人的個性

紫色是藍色與紅色混合在一起後製造出來的顏色。因此，喜歡紫色的人會有著藍色的冷靜、內向，以及紅色的熱情和行動力。偏好紫色的人大多討厭與他人做同樣事情，是如同藝術家一般的性格。也因此會經常覺得不受他人理解，而苦於處理人際關係。善於發揮感性的部分，雖然大多一言不發，但也有靈光一閃而滔滔不絕的時候。儘管有點令人難以理解，但這也是此種類型的人魅力之所在。

喜歡紅紫色的人的個性

喜歡紅紫色的人會有著紫色的直覺及紅色的行動力。紫色中，喜歡藍色的人較偏內向，喜歡紅色的人則傾向積極主動。其中也有人是缺乏被重視感，經常對外展現出渴望獲得他人稱讚的姿態。也有些人會出現類似深粉紅色的個性傾向。

喜歡紫藤色的人的個性

紫藤色是紫色稀釋後的顏色，有著將紫色的個性溫柔淡化的意象。帶有紫色具創造力又感性的特質，卻更為細膩。其中也有一部分人會像喜歡淡粉紅色那樣溫柔，但和喜歡粉紅色的人相比，喜歡紫藤色的人擁有更多創造力的氣質。雖然多數人相當怕生，但並不討厭與人接觸。

喜歡的顏色與個性

喜歡紫色的人的個性

- 不喜歡做跟其他人一樣的事
- 經常以感覺判斷事物
- 同時擁有冷靜以及熱情的特質
- 經常不被他人所理解

喜歡紅紫色的人的個性

- 重視直覺，也有行動力
- 有著想要讓他人肯定自己的渴望
- 雖然擅於社交，但戒備心也相當強
- 人際關係良好，但稍微難相處了一些

喜歡紫藤色的人的個性

- 感性豐富，具創造力
- 溫柔且細膩
- 受他人重視及愛戴
- 雖然怕生，但不討厭和人接觸

喜歡的顏色與個性 6

白色／黑色／灰色

喜歡白色的人的個性

喜歡白色的人擁有崇高的理想，而且會一心一意地朝著能夠實現理想的未來前進。非常勤奮努力，甚至可以說是完美主義者。白色也是種會帶出其他色彩特性的顏色，與其他顏色連結之後，在個性上也會轉化成更強調出其他顏色的性格。與粉紅色連接時，就會加強溫柔及細巧的部分；與紅色搭配時，就會變得更強勢，並且會更心無旁鶩地朝著理想前進。另外，也有些人是憧憬著白色，或是想要獲得白色所帶來的效果。

喜歡黑色的人的個性

喜歡黑色的人相當聰慧，而且話語有著影響他人的力量，希望過著時尚而優雅的生活，有著能左右他人的特質。但是，大部分的人與其說是喜歡黑色，反而應該說是憧憬黑色，因為有著「不想失敗」的心情，所以會追求黑色。特別是一向只穿著黑色衣服的人，有相當大的可能性是屬於後者。

喜歡灰色的人的個性

喜歡灰色的人城府非常深且個性特別謹慎，有著優柔寡斷的傾向，無法果斷下決定。比起替自己站出來，更希望能為了某人挺身而出。會盡可能地不與他人產生關聯。喜歡淺灰色的人的個性更為細膩，深灰色則會有著近似黑色的性格傾向。

喜歡的顏色與個性

喜歡白色的人的個性

- 勤奮努力且有完美主義的傾向
- 對他人與對自己都一樣嚴格
- 多數人有著較高的美學意識
- 也有人是嚮往白色的力量，而並勤奮努力的人

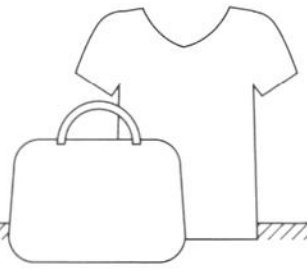

喜歡黑色的人的個性

- 話語有著影響他人的能力，擁有左右他人的特質
- 極度討厭被他人看透自己的內心
- 也有人是因為是無法接受失敗而導致不安，因此依賴黑色
- 在意世界眼光，因此會讓人感覺不想接受他人評論

喜歡灰色的人的個性

- 謹慎且明智
- 無法果斷下決定，優柔寡斷
- 有著不安的傾向
- 因為不擅長處理人際關係，因此會避開與他人接觸

喜歡的顏色與個性⑦

咖啡色／金色／銀色

◉喜歡咖啡色的人的個性

喜歡咖啡色的人大多沉默寡言且個性害羞，心胸寬大，不會吝嗇於幫助他人。責任感強，有包容力，是能讓他人倚靠的存在。穩重且溫柔，也有人是因為在自然環境中工作所以喜歡咖啡色。會率先去做別人討厭的工作，因此喜歡咖啡色的人中，應該有不少人相當地有人望。

◉喜歡金色的人的個性

喜歡金色的人有著宏大的夢想，並擁有著能實現夢想的活力。因為有著崇高的理想，因此會盡情地享受人生，也對金錢及權力相當執著。相信自己的運氣，會不吝惜地在美的事物或娛樂上使用金錢。也有部分傲慢的人。在處理人際關係上相當寬容、相當照顧人，也因此受眾人仰慕。

◉喜歡銀色的人的個性

喜歡銀色的人是浪漫主義者，也有著崇高的理想，對美有著強烈的興趣。熱切地渴望獲得他人的認同，也會希望他人認同自己的美感。認為自己是有價值的，非常地有自信。大多數喜歡金色的人會覺得財富就是成功，和他們相比，喜歡銀色的人會有著追求美與精神層面的充實。不會對與自己無關的事情出手，而是會退居幕後再開始發光發熱。

喜歡的顏色與個性

喜歡咖啡色的人的個性

・沉默寡言且溫順
・有著願意幫助他人的溫柔
・喜歡自然環境
・責任感強，也相當具有人望

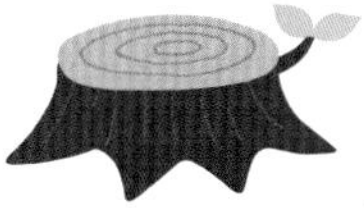

喜歡金色的人的個性

・有著遠大的夢想，以及足以實現夢想的實力
・為了要享受人生，會卯足全力
・對運氣好壞特別敏感，特別在意金錢運
・非常會照顧人，因此會吸引人們聚集在其身邊

喜歡銀色的人的個性

※因為金色和銀色還需考慮到反射率的因素，因此嚴格來說，此處的顏色還不足以呈現。

・浪漫主義者，有著崇高的理想
・對美有著很大的興趣
・會追求美以及充實精神層面的事物
・在人際關係上，會積極地讓自己位居二線

討厭的顏色與個性

◉從討厭的顏色理解個性

我們可以從討厭的顏色推測出個性。比如說，埋藏心底最深處的情結會以討厭的顏色呈現出來。如果會「極度厭惡」某個特定的顏色，那就有可能是心底某處投射出來的結果。另外，討厭的顏色大多會與每個人不愉快的經驗有所連結，討厭的理由也會因人而異。從討厭顏色所進行的個性分析，並不會像從喜歡的顏色分析那樣簡單好懂。在這邊要介紹的是**令人討厭的顏色呈現的性格，以及容易以這種方式出現的顏色。**

◎粉紅色

比如說，在企業的第一線與男性共事的女性，會無法接受粉紅色的溫柔以及柔弱，就會傾向避開有著女性氣息的粉紅色。

◎紫色

反對靈性精神事物的人會有著無法接受紫色神祕感的傾向。不認同直覺判斷，會以理性去思考事物的人也會討厭紫色。

◎黑色

無法認同黑色所擁有的強大及嚴格印象的人，通常就不會喜歡黑色。對疾病或是死亡等事感到不安時，也會無法接受黑色。

討厭的顏色與個性

討厭黑色

對特定顏色有討厭的記憶時，
該顏色就容易以討厭的顏色之
姿存留在記憶中。

討厭的顏色與個性

會討厭與心中某種個性傾向不同的意象。

再加上，若有著與該顏色相關的討厭回憶，就會製造出「討厭的顏色」。

喜歡的顏色與個性

顏色的意象與心中某種個性傾向相同時，就會連結在一起，並感到到心情愉快。

性格傾向容易以喜歡的顏色方式呈現。

POINT 顏色與記憶

也可以說「討厭的顏色容易與記憶連結在一起」。和美好的回憶相比，因為人類比較容易記住不好的回憶，因此討厭的顏色容易與每個人討厭的回憶相互連結。

改變溫度感覺❶

讓人感覺溫暖與感覺冰冷的顏色

因為牆壁的顏色而受到影響的工作人員

顏色會影響我們的感受，最具代表性的就是溫度感覺。**當看到紅色、橘色等暖色時，就會覺得溫暖，當看到藍色、藍綠色等冷色時，就會感覺涼爽。**

有一個關於顏色與溫度的事例：在倫敦某個工廠的自助餐廳內，工作人員常反應這裡「很冷」，但是冷氣的溫度設定從以前就一直保持在21度，是因為有人反應才把溫度的設定提高了3度，然而工作人員的申訴卻沒有減少。

原因其實在於淡藍色的牆面，工作人員受到藍色的影響，感受到的溫度比實際溫度還要低。後來將牆壁的顏色改為橘色後，工作人員反而覺得「好熱」，在體感溫度上，據說淡藍色和橘色有著3～4度的差異。

暖桌顏色的祕密

暖桌其實也隱藏著關於顏色與溫度的祕密，使用紅外線燈的暖桌在一開始發售時，發熱的部分是白色的。因為紅外線不屬於可見光（眼睛可見的光線波長範圍），是看不到顏色的。

但是，發熱部位是白色的暖桌沒辦法帶給消費者溫暖的感覺，銷售量一直無法提升。然而，將其改成紅色之後再推出的暖桌，立刻成為人氣商品，就是因為紅色能帶給人溫暖的體感。

從顏色感受到的溫度（範例）

即使室溫相同，牆壁顏色不同，體感溫度就會大幅度地改變。

在熱源部分放上紅色的光線後，會讓人覺得體感變得溫暖，因此晉升人氣商品。

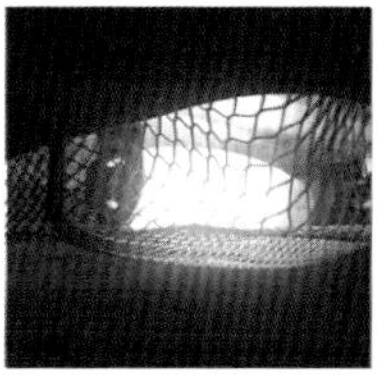

剛發售的時候，暖桌的光是白色的，有很多消費者反應體感上感覺不到溫暖。

POINT 溫度的影響

會對溫度感覺產生影響的顏色是紅色、橘色以及黃色等的「色相」。接著會產生影響的是顏色鮮豔度，也就是「彩度」。彩度越高就會對冷暖感覺產生越強烈的影響。

改變溫度感覺 2

暖色與冷色

會感受到溫度的機制

如果要解釋為什麼會發生像前一頁所說的現象，那是因為，**我們通常會受到印象的影響並用以判斷事物的緣故。**紅色及橘色讓人聯想到火、太陽等，使人感覺溫暖，藍色及藍綠色會讓人聯想到冰及水，使人覺得冷。這些感受會因為每個人的實際感覺不同及儲存在大腦中情報的不同，而有大幅度的變化，因此每個人的感受也都會有所歧異。

「火很熱」，這種每個人都有過的體驗（容易印象化），就是屬於共通且容易感受到的事物，但像紅紫色就是屬於很多人都不容易感受的顏色。

蠟燭等物品的火焰顏色是紅色及橘色，但實際加熱的時候，物體會根據溫度改變顏色如紅色（紅黑色）、橘色 紅色 白色以及藍白色等。紅色並不是最高溫度的顏色，但之所以會從這個顏色感受到溫暖，就是由經驗轉變而來的印象累積下來的緣故。

暖色與冷色

以心理的方式分類顏色時，紅色、橘色及黃色等顏色會令人感覺溫暖，因此稱為暖色；藍色及藍綠色等顏色會讓人感覺寒冷，因此稱為冷色。在說明色彩心理學時，暖色跟冷色是基礎的分類方式，此兩類顏色之間並沒有一個很明確的區分範圍。溫度的「感受方式」每個人都不一樣，因此詳細的分類並沒有意義，不要僅以單點的方式，而是以整體效應的範圍來理解吧。

從顏色感受到的溫度（印象）

飲料也會因為杯子的顏色產生不同的溫度感覺。感受溫暖的順序是紅色，再來是黃色。（法國布列塔尼南大學，2012）

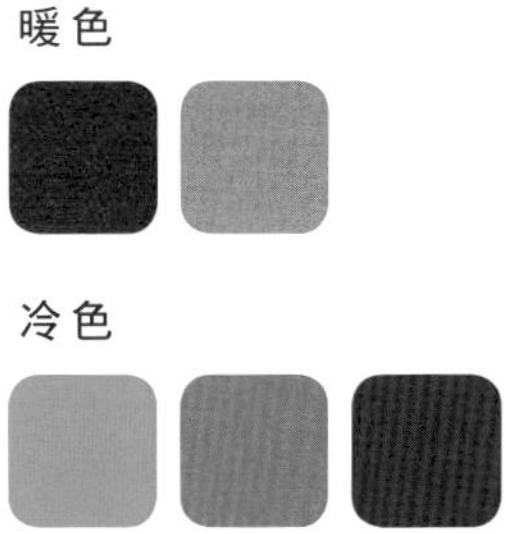

也有研究指出即使同樣是暖色，男性在體感上會覺得更溫暖。

POINT 中性色與中間色

色相環中，像是紫色或綠色系統這種位於暖色與冷色之間的顏色，因為不容易從這些顏色感受到冷暖，因此稱為中性色。位於高彩度與低彩度的中間彩度之顏色也有一個類似的名詞，稱為中間色。

改變重量感覺

讓人感覺變重及變輕的顏色

◉顏色的重量感覺

顏色也會影響到對物品重量的感受，例如，**黑色或是紺色等深色就會感覺變重，白色或是粉彩色等淡又明亮的色彩就會感覺變輕。**在某個針對顏色與重量的實驗中，假設白色的重量為1，發現把顏色改成黃色時重量就會變成約1.1倍，黃綠色為1.3倍，水藍色為1.5倍，紅色為1.7倍，黑色則甚至會達到1.8倍。

搬家業者所使用的紙箱經常是白色的，除了白色會給人乾淨的印象外，還有能給人心理上重量較輕感覺的緣故。反過來說，金庫使用黑色，除了有變得更為低調來防止犯罪的效果外，透過使用心理上感覺沉甸甸的顏色，也可以使人產生不易搬動的心理印象。

在復健治療中心的空間內，曾做過關於強化肌力運動的加重器顏色與疲勞感關係性的研究。加重器的顏色實際上不會影響到疲勞感，但是因為心理上會對重量的印象產生差異的緣故，若從不易讓人感受到重量的角度來看，會希望使用明度較高的顏色。

◉從顏色感覺到重量的機制

關於顏色與重量的研究並不算少，但至今為止也尚未完全釐清。但是，就像是顏色與溫度的感覺一樣，目前普遍認為是受到印象影響。白色會聯想到雪、雲及棉花等重量較輕的物品，黑色則會聯想到鐵等重量較重的物品，受到強烈先入為主觀念的影響。

從顏色感受到的重量

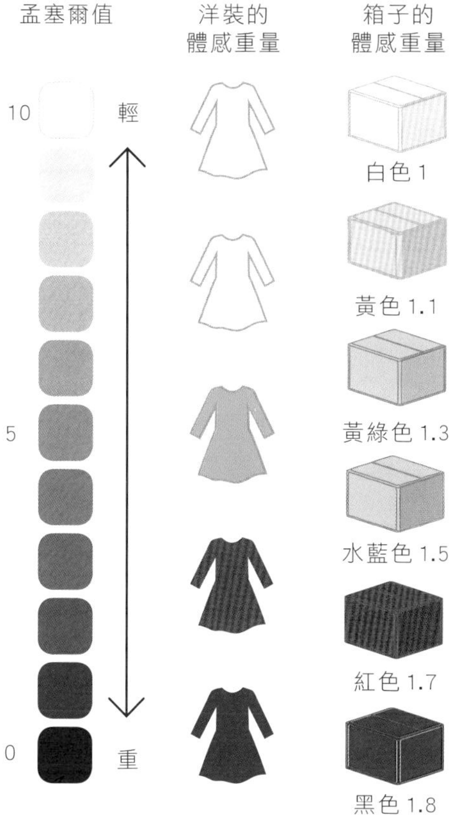

在天花板上使用明亮的顏色時，就會感覺房間更加寬闊。根據顏色不同，服裝也會感受到重量。心理上的重量可以應用到各式各樣的東西上。

POINT 重量的分歧點

明度會對重量產生非常強烈的影響。那麼，如果說到要以何者為基準的話，以顏色的標記系統來說，以孟塞爾數值的明度5為基準，比5還低的顏色就會有變重的感覺傾向，高於5的顏色就會令人感覺變輕。

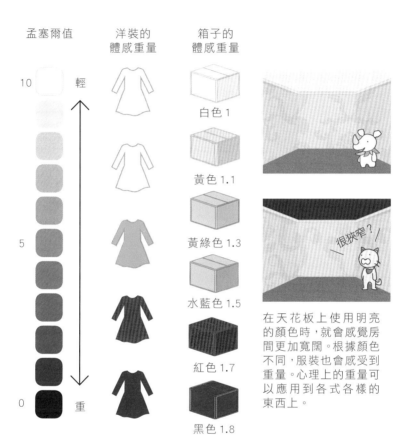

改變時間感覺

感覺時間變長及變短的顏色

在暖色的房間裡面會覺得時間變長

時間的感覺也會因為顏色而產生變化。**當待在紅色的房間時，會有著時間變長的感覺，即使實際歷經的時間很短，也會有過了很長一段時間的錯覺。**在暖色裝潢的餐廳內，會容易讓人產生過了比實際所花的時間更長的感覺，以結果來說，餐廳的翻桌率提升，可以讓店家與使用者雙方都獲得滿足。

反過來說，冷色系的房間會縮短時間流逝的感覺。當進行單調的工作時，就比較適合待在冷色系的房間內，例如希望在短時間內完成高效率會議的企業，就會使用冷色系內裝的會議室。

若要應用前面提到的效應，在與人有約的時候，最好避開暖色系的店家，因為暖色會讓人覺得等待時間很長，因而容易感到焦躁。等人的時候則可以選擇放鬆的環境或是冷色系的場所，等人到齊之後再前往暖色系的店，就是有效活用顏色的方法。

也要注意電腦畫面的顏色

另外，大家應該都有需要長時間盯著電腦螢幕的時候，更是要注意電腦畫面的顏色選擇。根據調查電腦畫面顏色與使用時間的研究指出，持續看著紅色畫面時，會覺得坐在電腦前的時間很長。這部分與性別有關聯，尤其在男性身上更為明顯（柴崎、正高，京都大學，２０１４）。

從顏色感覺到的時間

待在暖色裝潢的室內時，會感覺時間變長，因此適合想在較短期間內輕鬆消磨時間的人。而冷色系的房間會讓時間推移的感覺變短，因此適合做些內容較單純的事，但是，要注意冷色也是屬於誘使睡眠的顏色。

暖色　　　冷色

焦慮

舒暢

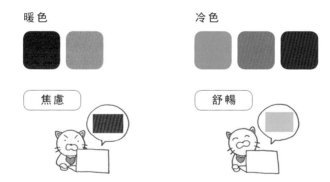

看暖色的電腦畫面會覺得時間變長，冷色畫面則是相反。

POINT **色彩心理以及民間故事**

浦島太郎幫助了烏龜之後，抵達了龍宮城，忘卻光陰的流逝，度過了快樂的時光。回到陸地後才發現已經過了比他想像還要更久的時間，這個故事也許就是因為他在深海中的藍色世界生活的關係，所以才擾亂了對時間的感覺也說不定。

改變位置感覺

感覺變遠及感覺變近的顏色

接近色與遠離色

有的顏色會讓物品看起來比實際位置還要近，或是比實際位置還要遠。**看起來比實際位置還要近的顏色稱為接近色**，像是紅色、橘色及黃色等暖色、高彩度的顏色。**看起來比實際位置還要遠的顏色稱為遠離色**，藍色及紺色等冷色、低彩度的顏色就是屬於這種顏色。

在招牌以及標誌上面經常使用紅色，就是因為看中了接近色的效果。有實驗結果指出，紅色的接近程度和其他暖色相比，會給人特別靠近的感覺。雖然還是會因為光線以及背景而有所差異，但總結來說，暖色系有著靠近的效果，冷色則呈現遠離的效果。不過，根據最近的研究表示，並沒有辦法單憑顏色的冷暖判斷暖色就是接近色，冷色就是遠離色。

善用接近色以及遠離色，可以讓空間在視覺上看起來變得更大，例如房間內使用的窗簾，和使用接近色的窗簾相比，使用遠離色的窗簾可以讓房間看起來變得更寬闊。

顏色讓物品看起來感覺靠近的機制

據說，**雖然紅色是接近色，但無法單憑這一點，就認為所有使用紅色的物品都會看起來像是朝你飛近一樣**，也有少數人對紅色以及藍色的遠近距離感覺是相反的。

有一個說法認為紅色及藍色在眼睛裡面的成像位置不同，因此才會出現不同的認知方式。另外也有其他研究提到關於兩眼立體視覺的實驗，對於沒有使用兩隻眼睛辨識東西的人來說，顏色的遠近效果是比較弱的。

改變位置感覺

很近！
接近色（暖色、高彩度）
嗯～很遠
遠離色（冷色、低彩度）

暖色會讓物品看起來比實際位置還要近，冷色則有著會讓物品看起來比較遠的傾向。

小心一點才對！

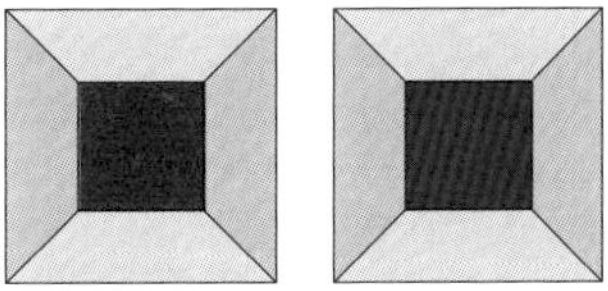

一般來說，暖色在視覺上會比較突出，但也有少數人會覺得冷色比較突出。

POINT 在十字路口時應要多注意的車色

在十字路口時，有可能會因為瞬間的判斷錯誤而導致事故。因為藍色、黑色及灰色的車子是屬於遠離色，可能會讓實際的位置比看起來還要來得近。要特別小心，不要以為還有距離就貿然接近喔。

改變大小感覺

讓人感覺變大及感覺變小的顏色

◉ 膨脹色與收縮色

根據顏色不同，對物體大小的感覺也會有所不同。溫暖且明亮的顏色（粉臘色等）、或是白色就稱為膨脹色，會讓物品看起來比實際上要來得大。

相對地，冰冷且暗沉的顏色、或是黑色則稱為收縮色。**辨識大小的方式與明度有著很大的關係。**

◉ 膨脹收縮效果

在服飾的領域中，粉紅色以及鮭魚粉色是眾所皆知會讓衣服看起來比實際上更大的顏色。膨脹色同時也是使物品視覺變柔軟的顏色，會給人看起來有些鬆軟的印象。黑色及紺色則是會讓物品看起來比實際上還小的顏色，是在意外表視覺大小的人會喜歡的顏色。

比如說，黑色絲襪有著會讓腳看起來變細的效果，因此非常有人氣。但是，倘若因為黑色有看起來較纖瘦的作用而全身穿黑色的話，反而會看起來過於沉重而無法呈現應有的效果。

法國國旗是著名使用「藍色」、「白色」以及「紅色」來呈現的三色旗，「藍色」代表自由，「白色」代表平等，「紅色」代表博愛。

因為旗幟上使用到的白色是膨脹色的關係，一直以來白色部分的實際寬度都比紅色還要窄，如果一樣大的話，會因膨脹色的影響讓白色部分看起來會更寬。也有些國旗會考慮到風吹擺動的因素，而將紅色的部分加大。

從顏色感覺到的大小

高明度的顏色會看起來比較大，低明度的顏色則是會有看起來比較小的傾向。

膨脹色（高明度）　　收縮色（低明度）

白：直徑21.9mm　黑：直徑22.2mm

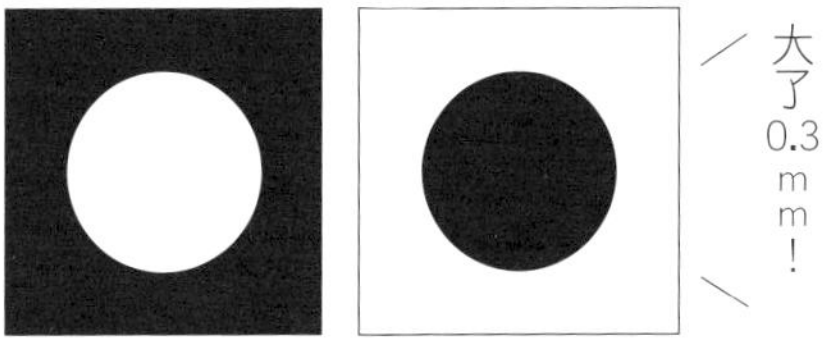

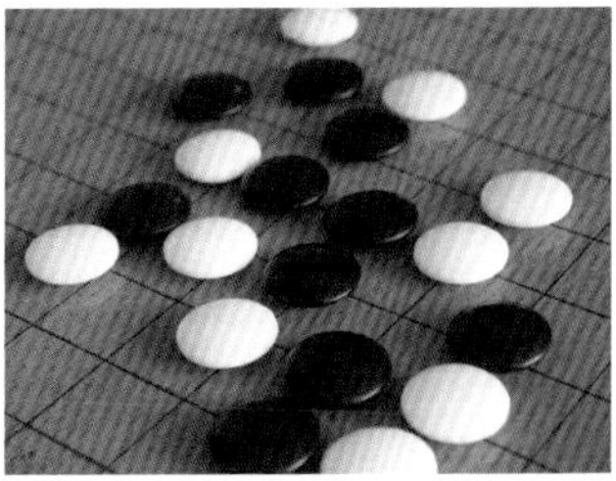

白色和黑色相比時，白色會看起來比較大。因此圍棋中的黑子都做得比較大。

POINT　難以理解的膨脹色與收縮色

和接近色以及遠離色的研究相比，關於膨脹色與收縮色的研究仍然不足，目前也尚未找出其中的機制。在裝潢上的應用其實也還相當費解。再加上每種顏色有著各自的效果，每個人的反應也有著極大的差異呢！

改變記憶

顏色容易記憶，卻無法正確地記住

容易記住顏色

人們都覺得自己會記得平常看習慣的事物及風景，但其實我們並沒有真正記住，在遼闊的視野中，**顏色通常是屬於容易被記起來的**部分。在加州州立大學的研究中，以大學生為對象，針對車種以及車色的記憶，調查了如何辨識汽車的情報，結果發現，和車種相比，顏色被當作是更為重要的特徵而能被記憶下來，也確實有著容易被記住的傾向。

顏色不容易被正確地記住

雖然顏色容易被記住，但還有另外一個特徵是**「不會被『正確』地記住」**。比如說，有種名為染井吉野櫻的櫻花樹，實際上這種櫻花樹的櫻花是非常淡的粉紅色，但是我們卻會傾向把染井吉野櫻記成相當鮮豔的顏色。

這是因為我們會把具特色的物體上擁有的特徵，記成比原本特徵還要更為誇張的關係。特別是因為櫻花相關的商品都會把顏色做得比較鮮豔，所以才會把染井吉野櫻記成較豔麗的顏色。

目前有相當多的研究正在探討顏色與記憶之間的關係，部分研究報告指出，實際上的明度與記憶中的明度比較不容易產生變化，相對地，彩度越高就會被記成越鮮豔，色相則是會被記成該色類別中具代表性的顏色（焦點顏色）。

從這裡可以得知，記憶會受到原本已經擁有的資訊以及新資訊的影響，進而產生變化。

留存顏色的記憶

即使想不出車種（外型），顏色也容易留在記憶中。

雖然顏色容易留在記憶中，但不容易正確被記住。記憶中的彩度會比實際的彩度要來得更為鮮豔，色相也容易記成該色類型中最具代表性的顏色。

POINT 為什麼無法正確地記憶顏色？

因為顏色不只具有單一特質，而是色相、明度以及彩度這三種元素的集合體。又因為我們常想用單點的方式來理解的關係，記憶就會受到印象的影響而遭到替換。

改變味覺①

容器的顏色會影響味覺

杯子的顏色會改變味覺

在澳洲聯邦大學以及牛津大學的共同研究中發現，顏色也會對味覺產生影響。研究中指出分別使用透明、白色以及藍色的杯子喝拿鐵咖啡時，白色杯子在飲用時會覺得特別濃醇。

另外，用白色的盤子裝盛草莓慕斯時，吃起來感覺會比拿黑色盤子盛裝時，甜度上升10％，味道要好上15％。報告中認為這也許是因為杯子以及盤子等盛裝物之間的對比所產生出來的影響也說不定（Doorn、Spence，2014）。

食慾與顏色的關係

在色彩心理中，**顏色與食慾之間的關係也十分地複雜**。那是因為實際結果會受到每個人原有記憶的影響（以前吃過覺得好吃的食物），以及文化相關的強烈印象等，這些因素複雜地交互作用及干擾的緣故。雖然說藍色是普遍認為會抑制食慾的顏色，但並不能單純地說看到藍色就會失去食慾。

有研究調查了白色盤子上面的藍色占比，會對內心感受到的食物美味程度產生多少影響。該研究指出，藍色在盤子上面的占比為10～20％時，更能促進食慾，但當藍色的比率超出範圍時，則會有降低食慾的傾向（川嶋、數野，2009）。

之所以含有少量藍色的盤子可以誘發食慾，研究認為應該是和杯子的顏色會改變味覺一樣，屬於**對比效應的其中一種**。

從顏色感受到的味覺

用白色的杯子喝拿鐵咖啡時，
感覺喝起來更濃郁。

和用黑色的盤子吃草莓慕斯相
比，用白色的盤子吃感覺甜度
上升10%，味道好吃程度上升
15%。

誘發食慾的顏色（範例）

不容易產生食慾的顏色（範例）

受到直接影響

間接地受到影響

襯托食物的顏色（範例）

・盤子
・杯子……等

POINT 心理狀態與美味程度

顏色並不只是直接誘發食慾，還會間接地營造出放鬆的效果，也有著讓食物感覺起來更好吃的效用在。使人放鬆的顏色範例中，像是米色、較淺的綠色系以及粉紅色也會產生間接性的效果。

改變味覺 2

食品的顏色會影響味覺

◉ 食品的顏色會改變味覺

除了容器之外，接下來看看食品本身顏色對味覺產生影響的例子吧。有一個在西班牙的大學進行過的某場實驗：把柳橙汁分成「原汁」、「加入紅色」以及「染成綠色」來進行試飲。結果，幾乎全部的人都說「加入紅色」的果汁喝起來感覺更好喝；「染成綠色」的果汁感覺更酸了。從實驗結果可以得知，我們會直接受到食品顏色的影響，甚至會改變味覺。

根據法國食品市場的研究人員表示，味覺與顏色的關係甚至也會影響到小朋友的判斷。在不改變水果糖漿味道的前提下，只調整其彩度的實驗中，彩度越鮮豔，小朋友吃起來感覺味道越濃郁。代表著即使含糖量低，**利用顏色來強調出其強烈甜味是可行的**（Pantin = Sohier，2012）。

◉ 圍繞著食品顏色的問題

全世界的食品業界中，一直都在關注著食品顏色與味覺（販售成績）的重要性，為此而備受檢視的是食品添加色素的現狀，這已然成為不可忽視的問題。此種和食品顏色相關的疑義，與文化和顏色有著相當緊密的連結。

比如說，鷄蛋的蛋黃經常被誤解成顏色越深就代表著營養價值越高，實際上蛋的黃色只是飼料的顏色。如果雞吃的是白米類的白色飼料，蛋黃就會偏白，若是吃甜紅椒等紅色飼料的話，就會變成橘色。

從顏色感覺到的味覺（食材的顏色）

味覺與顏色的實驗

把柳橙汁染成紅色跟綠色之後，染紅的柳橙汁感覺變得更好喝，綠色的柳橙汁則嚐起來更酸了。

雞蛋與顏色的關聯

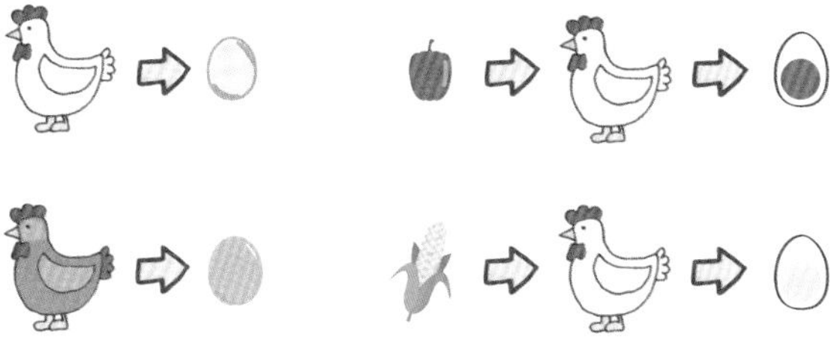

雞蛋蛋殼的顏色會與雞羽毛的顏色相同，而蛋黃的顏色會受到飼料的顏色影響，並沒有特別與營養價值有所關聯。

POINT 蘋果的顏色與文化

人類食慾與顏色的關係非常複雜，會受到過往記憶與文化層面相當強烈的影響。在日本，紅色的蘋果是主流，在歐洲則是以青蘋果為主，據說不習慣吃青蘋果的人在食用時，會容易感受到不舒服的酸味。

改變嗅覺

食品的顏色會改變嗅覺

在法國，一位以芳香研究聞名的研究者莫羅與其他研究者們曾經進行過一個實驗。讓54位學生聞了波爾多生產的白酒，並問他們聞到了什麼味道，結果大多回答奶油、檸檬等能與白酒連接的食物。當在白酒裡面加無味無臭的紅色染劑後，再問同樣的問題時，學生卻回答有著黑醋栗或是櫻桃的香味。報告中認為**大多數學生都是受到顏色的印象所影響，讓氣味產生了變化**（莫羅等人，２００１）。

另外，在其他的實驗中，若將咖啡放在咖啡色的包裝中時，會感覺香味變得更為強烈，便可得知，**包裝與內容物之間有著非常重要的關係**。

顏色會改變嗅覺

氣味對視覺產生的影響

反過來說，氣味應該也有可能影響到「顏色」這種視覺性知覺吧？在九州大學就進行了一個記憶顏色的實驗，探討了氣味的有無在記憶上是否會存在差異。請受驗者嗅聞了柑橘類表皮中含有的癸醛後，並沒有聯想到與之相關的柑橘類，也沒有喚起橘色相關的記憶（田村、岡本、濱州，２０１８）。

從這個結果可以得知，隨意地將氣味和顏色連結在一起的廣告是有風險的，因為至今仍尚未完全理解嗅覺對視覺的影響。

從顏色感受到的香味

葡萄酒的顏色與氣味

雖然氣味是嗅覺資訊，但卻會讓人覺得是從葡萄酒的顏色聯想到的香氣。顏色甚至也會影響到嗅覺。

包裝與氣味

把咖啡裝入咖啡色的包裝之後，會感覺香味更加強烈。

視覺與嗅覺

商品的氣味不容易用視覺來想像的話，推薦在包裝上面放上視覺圖。

POINT 視覺物品與嗅覺

人類所擁有的嗅覺與視覺之間的關係非常地複雜。過去的記憶與視覺連結後，顏色也會對嗅覺產生影響。像是香氣類此種不容易視覺化的商品，就會想要在包裝上展現氣味的視覺圖（例如花草圖案）呢！

改變對價格／價值的感覺

顏色會改變對金錢的感覺

◉改變價格感受的顏色

在超市中常常看到標價上的文字是用紅色書寫的，此處運用的紅色有各式各樣的效果。

比如說，紅字有著可以從很遠的地方就看到的效用，也是容易受到注意的顏色，**這種效用稱為誘目性。**另外，紅色的文字也會讓人聯想到「赤字」，讓人覺得是一個買到賺到的商品，這也是顏色印象的力量，會讓人覺得「這很便宜，不買不行」，再加上紅色還有促使人行動的作用，之所以看到紅色的文字就會想要購買，就是因為有這些複合性因素存在的關係。

◉女性會特別對紅色有反應的理由

另外，女性對紅色很敏感，雖然理由有很多個，但主要的理論有兩個。其中一個是**先天性的理由**，在人類進化的過程中，曾有過男性去狩獵、女性採集果實的生活模式。此理論指出，因為很多果實都是以轉紅代表成熟，因此才會對紅色特別敏感。

另一個理論是**後天性的理由**，因為女性自幼開始收到紅色系（粉紅色）物品的機會較多，加上大腦學習效果的關係，才會對紅色系的東西特別敏感。

筆者認為也許就是這兩種說法混合在一起所造就的也說不定。

從顏色感受到的價格、價值

超市的紅色文字效果

紅色文字（紅色背景的白色文字）有著複合性的紅色心理效果。

女性對紅色較敏銳的理由

・先天性的理由（回溯到狩獵時代，採摘果實時會尋找轉紅的果實。）
・後天性的理由（小時候容易收到紅色系的物品。）

女性對紅色敏感。

也有另一種說法指出男性對紅色會產生信賴感。

POINT 大腦的學習效果

大腦看到同樣的東西時，會變得發達，並有辦法分辨其細微的差異，最後變得更為敏銳。在白色的北極圈世界中生活的因紐特人，並不會因為習慣了白色而感到遲鈍，反而是變得更為敏感，在他們的語言中有著非常多形容白色的詞彙。

改變購物時的判斷

「顏色」會對購物時的選擇產生很大的影響

根據美國的市場行銷研究，消費者到店鋪時，決定「買」與「不買」的時間只有短短的90秒。而且，據說有約93％的人是看商品的視覺外觀來決定是否購買。另外還得知，**視覺外觀中，有84．7％是根據顏色來判斷是否購買的**，比例算是非常高。以結果來看，商品的外觀以及顏色就是關鍵（Bellizzi、Hite，1992）。

將店鋪中的顏色與之前所介紹過，可以改變時間感覺的顏色效應（P．82）搭配後，更能突顯效果。例如將裝潢改成冷色之後，來店內的顧客就會花更多時間選擇商品，增加瀏覽的時間，以結果來說，也會增加購買所花費的金額。

在市場行銷中運用的顏色

被誘導的「色數」

在電視購物中看到販賣包包、皮夾等商品時，請注意觀察那些商品的顏色種類。大部分的商品都會展示4～5種顏色，特別是**「5」被視作魔法數字，據說只要展示五種顏色，就可以增加營業額**。當同時出現「灰色」、「淺灰色」、「芥子色」以及「茉莉黃」等相近的顏色時，也許會有人以成本考量來看，認為要刪除相似的顏色，但就消費者角度來說，重要的是要在五種顏色之中做選擇。如果是想用低價來慫恿客人購買複數商品的話，增加顏色的數量也有相當不錯的效果。

會被顏色左右的
購物判斷力

選這一色就對了！

·消費者會在入店後90秒判斷是否要購買
·93%的人以外觀決定是否要購買
·在外觀中，以顏色判斷是否購買的約占84.7%

會在短時間內判斷是否要購買，判斷準則也與顏色有著很大的關係。

芥子色
C19 M39 Y70 K0
R212 G164 B88
1Y 6/6

茉莉黃
C11 M21 Y51 K0
R231 G204 B137
2Y 8/4

看到同時展示的五個顏色時，即使原先沒有打算要買也會開始挑選，進而被誘導出想購買的情緒。

POINT 五色效果

人有著當顏色數量多時，就會產生興趣且會無法選擇、顏色數量少時就會失去興趣的心理效果，兩者的平衡數就是5色。隨著時間推移，心中的想法就會從「如果是我的話，就會選擇這個吧～」轉變成「我想買這個」。

改變人物的評價

讓女性看起來更具魅力的顏色

◎透過顏色讓女性看起來更具魅力

顏色有著能夠左右人物評價及魅力的力量。曾有一個美國的研究，將某位女性的照片背景更換成紅色、藍色、綠色、灰色以及白色，實驗顏色會對女性的魅力產生何種影響。從結果得知，將**背景更換成紅色時，女性的魅力程度就會獲得提升**。

在女性的衣著方面，和藍色襯衫比起來，當男性看到穿著紅色襯衫的女性時，也會覺得女方看起來似乎更具魅力，在性方面更容易受到女方吸引，進而重複邀約，並且會提高在約會中主動付錢的可能性（Elliot、Niesta，2008）。

◎如果對象是日本人，紅色也同樣具有效果嗎？

美國的研究指出紅色可以提升女性的魅力，此研究後來還有以日本人為對象進行的追加試驗。

將照片的背景設定為紅色、藍色、綠色、黃色以及白色進行調查後，發現以紅色為背景的女性魅力度也同樣地提高了。和彩度較高的藍色、綠色以及黃色相比，紅色背景使女性魅力度提升，這告訴我們原因和彩度無關，而是由於紅色有強化魅力的效果。除了魅力之外，也調查了顏色是否會影響到知性，發現與背景顏色並未產生關聯（服部，2017）。

看來，紅色能夠提升女性魅力，是和文化背景無關的。

顏色所影響到的人物評價

當男性看到在紅色背景前拍照的女性時，會提高對那位女性評價。而且最大的特徵是，全部的男性參加者都沒有看穿此實驗的主旨，也就是說全部的人都是無自覺地被誘導到紅色上。

浪漫紅色的印象

胭脂紅
C0 M100 Y65 K0
R230 G0 B62
4R 4/14

象徵現代設計感的紅色。

葡萄酒紅
C38 M100 Y70 K2
R178 G6 B64
2R 4/12

沉著卻飄散出華貴氣氛的紅色。

淡紫粉紅
C5 M72 Y0 K0
R 227 G102 B161
6RP 6/12

想像和粉紅色的蘭花一樣的顏色。

POINT 浪漫紅色（Romantic red）

2008年由美國羅徹斯特大學的安德魯・艾略特教授與德尼拉教授所發表。眾所皆知紅色背景與紅色服飾可以提高女性魅力的評價。因為是非常朗朗上口的詞彙，因此在色彩心理學中，時常被提及。

讓人想入眠的顏色

睡眠誘導色

顏色能助眠

從此頁開始會介紹對身體產生直接影響的心理效果。

首先從與睡眠有關的顏色開始。

藍色會讓身體冷靜，有著降低脈搏、自然冷靜下來的沉著效果。在棉被、睡衣等寢具上使用能誘使睡眠的顏色是不錯的選擇，建議透過搭配藍色與白色來強調清爽的印象。

在藍色系中，使用淡又淺的顏色會提升效果，但深藍或是彩度高的藍色則會造成反效果。另外，因為藍色會降低體感溫度，所以身體偏陰寒的人要小心使用。

顏色的效用有著很大的個人差異，所以依照自己的習性來適度調整吧。

顏色與照明的使用方式

寢室的照明也非常重要，**推薦使用橘光（燈泡色）的間接照明**。橘色的光會促進褪黑激素（又稱為睡眠賀爾蒙）的分泌，為了不要抵銷藍色的沉靜效用，切記不要提高寢具本身的藍色彩度喔。

而空間內是全黑狀態的話，有時候會誘發心理層面的不安，據說有0.3勒克斯（ＬＵＸ）左右的亮度就足夠了。

0.3勒克斯的亮度指的是仰賴月光的光亮，稍微可以看到房間內部的亮度。

讓顏色帶領前往舒適的夢鄉

嬰兒藍

會用於嬰兒上
的溫柔水藍色

C30 M0 Y0 K0
R198 G231 B249
10B 9/3

淡藍色擁有沉穩的效果，可以溫柔地讓身體鎮靜下來。與白色搭配，製造出清爽的印象後效果更加強化。

橘色燈光會促進褪黑激素分泌。不需要拘泥於使用藍色的寢具，請選擇可以讓自己舒服睡著的顏色。

房間的亮度推薦調整成0.3勒克斯，大約是可以稍微看到房間內部的程度。

POINT 褪黑激素

是一種切換醒來與睡眠的賀爾蒙。在人十歲左右時達到分泌高峰，接下來會隨著年紀而開始減少分泌。年紀越大越不會製造此激素，因此容易影響睡眠品質。特別是對於年輕世代來說，橘色促進分泌褪黑激素的效果越好。

皮膚所看到的顏色

皮膚的光感覺

皮膚也感受得到光

很多人不知道，我們也會從皮膚感受光線。**光線的本質是電磁波，人類是將電磁波的一部分當作可視光來看**的（P．124）。因為我們是受到位於可視光外的紫外線照射而變黑的，因此**皮膚是能感受到電磁波的**。

雖然有實驗針對皮膚是否能夠感受到藍色、紅色等顏色進行測試，但至今仍未有明確的結論。雖然目前還不知道皮膚是否能夠詳細分辨顏色，但可以確定的是皮膚會對特定的顏色（紅色／藍色）產生反應，包含可視光／非可視光領域的光線產生反應。皮膚上面有著一種名為視紫質（Rhodopsin）的蛋白質，是眼睛中負責感受顏色部位上的一種蛋白質，不過，目前尚未知曉皮膚上的視紫質是怎麼作用的。

肌肉緊繃值（Light Tonus Value）

身體對顏色產生反應時所產生的**肌肉緊繃值**，是在遮住雙眼的狀態下，用光線照射身體的實驗中所求出來的數值。照射米色以及粉臘色時測量出來的數值為23，表示肌肉處於放鬆狀態。照射藍色時為24、綠色為28，到此為止的數值也代表肌肉還處於放鬆狀態。但是，黃色為30、橘色為35，紅色則是42，這些顏色則會增強肌肉的緊張程度。

從皮膚上感受到的顏色

我們會透過皮膚對顏色產生反應。從光照實驗中求出的數值，稱為肌肉緊繃值。

〈肌肉緊繃值〉

顏色	色名	數值	狀態
	米色／粉臘色	23	鬆弛
	藍色	24	
	綠色	28	
	黃色	30	
	橘色	35	
	紅色	42	緊繃

在使用肌肉緊繃值較低的顏色裝潢的和室中，對皮膚有益，也可以說是令人身心舒暢的空間。

POINT 超音波效應

人類耳朵能聽到的聲音頻率只到每秒約震動兩萬次的空氣震動（20KHz）範圍，超過的話，耳朵就聽不到。但是，人類也會用皮膚來感受聲音，現在已經知道聲音的深度等因素對身心都會產生影響。

讓人看起來變年輕的顏色

讓身體變年輕的顏色

能使人變年輕的粉紅色

某些顏色擁有能讓人變年輕的效果，但是，這並不是一種看了就可以不斷變年輕的魔法效果，而是間接的返老還童作用，粉紅色就是被預期能產生這種效果的顏色。在國外的實驗中，讓受試者穿著粉紅色的衣服，並在裝有粉紅色窗簾的房間中生活後，不止外貌變年輕，連人都變得開朗。

這個機制據說與女性賀爾蒙中的雌激素有所關聯，雌激素是一種調節女性整體身心健康的賀爾蒙，而且也會對大腦以及自律神經產生作用，因此對女性的身心愉悅有著極大的影響，並會隨著年紀增長而減少。這個實驗**就是運用了粉紅色的幸福感效應來減少壓力。**

壓力有著會減少雌激素的風險，另外，適當的運動也會促進雌激素的分泌，對建構年輕的身體來說也有所幫助。

透過放鬆效果來重返年輕

男性也有著關於重返年輕的男性賀爾蒙，稱為睪固酮，為了不要讓睪固酮減少，重要的是不要累積壓力。除粉紅色之外再加上使用可以讓人放鬆的顏色（P．46），一起打造健康的身心吧。

能讓人變年輕的粉紅色

雌激素是一種會製造出年輕氣息的賀爾蒙。

粉紅色的房間以及穿著粉紅色的衣服被預期有著能變年輕的效果。

粉紅呼吸法 （設計者：伊凡．馬汀）

把粉紅色的東西放在身邊，想像著空間裡面有著粉紅色的空氣，再把粉色的空氣吸入身體內，讓粉紅色滲透到全身。

櫻花色

櫻花花瓣的顏色

C0 M24 Y0 K0
R248 G212 B228
7.5RP 9/3

法國薔薇紅

18世紀法國流行的顏色

C0 M51 Y13 K0
R240 G154 B174
9RP 7/9

玫瑰粉

源自薔薇的粉紅色

C0 M50 Y25 K0
R240 G155 B158
10RP 7/8

也可以參閱P.40

POINT 粉紅色的效果

粉紅色除了在40頁中介紹的「悅目感」，以及此頁面介紹的「返老還童」之外，還有著可以刺激「保護欲望」的效果。比如說想要借用工作夥伴的力量時，穿粉紅色的衣服與對方見面的話，可以期待雙方能有更良好的互動。

運動與顏色①

支撐選手的色彩心理

在田徑比賽中跑出好成績的顏色

在運動場上也可以活用色彩心理，若想提升運動選手們的能力，顏色能夠發揮助攻的力量。

比方說，田徑場地中的跑道自始一直都是紅磚色的，但從2000年代開始出現了藍色跑道，因為藍色具有可以讓選手放鬆的效果，另外，也不會使視線模糊，視覺上更加穩定，據信**將跑道改成藍色更容易出現好成績**。

紅色會提升情感，是一種容易讓人出現攻擊性情緒的顏色，能夠刺激交感神經，使人進入戰鬥狀態，然而在田徑賽中與其提升情感，保持冷靜且放鬆的狀態，反而更容易跑出好成績。

因為控球度提升而獲得好評的藍色手套

現今的棒球運動中不僅只有茶色系（皮革色）手套，也常看到藍色手套。在棒球手套顏色與控球度的實驗中，據說**藍色手套最有助於控球**。藍色有著提升認知機能的效果，對於控球沒有自信的投手來說，若將捕手使用的手套換成藍色就會大幅提高控球力。

這是因為茶色系與球場中的紅土顏色有所重疊，藍色則因為對比更強的關係，比較容易瞄準目標。

顏色有助於超越原先記錄？

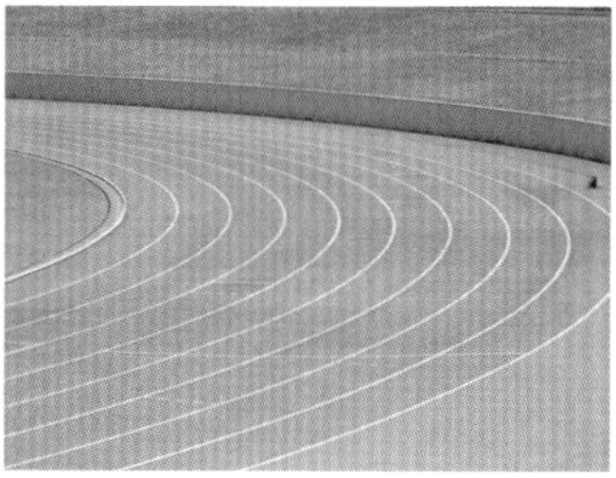

田徑場地的跑道顏色原本是以紅磚色為主流，最近慢慢地變成了藍色系，據說更容易跑出好成績。

的確，看到藍色
就更能沉著應戰。

藍色比較
好投的樣子

將捕手手套換成藍色時（左側）時，比較容易看到、好瞄準，所以控球力也會更為銳利。

POINT 藍色具備安定心神的效用

根據加州大學的研究指出，針對顏色與光的生物反應測試中，藍色可以消除受驗者的不安，具有精神安定劑的效果，因此跑道的藍色同樣能夠穩定運動員的心。

運動與顏色 2
制服顏色所帶來的影響

◉穿紅色的制服後？

2005年，英國科學期刊《自然》刊登了一份研究，英國杜倫大學研究小組在2004年的雅典奧運中的個人競賽、拳擊、跆拳道以及摔角項目，調查了選手穿著紅色／藍色制服與勝敗之間的關係。發現全部比賽中，有55%都是由紅色制服的選手獲勝（Hill、Barton，2005）。

另外，調查了2004年歐洲足球大賽的結果，發現紅色隊伍的得分率以及勝率都比較高。有一個研究指出選手因為紅色的心理效應而變得更具攻擊性，藉由威嚇對手來製造出容易獲勝的狀況。基於上述結果，在色彩心理學領域，關於**運動競賽的部分，紅色是「有利」的**。

「穿著」與「看見」

世界各地有非常多關於穿著紅色衣服可以增加攻擊力而變得有利的研究，但並未細分是「穿著方有利」還是「目視方有利」。前述的勝率為55%，也是一個非常微妙的數字，沒辦法確切地給出絕對具有優勢的結論。

因此筆者調查了2008年北京奧運的拳擊、跆拳道以及摔角項目中，紅色是否確實特別具備優勢，但是卻都無法歸納出與紅色賽服之間的強烈關連性。

勝利和顏色有何關聯？

預想中的「穿著方的優點」

・副交感神經為優位
・製造出放鬆狀態

・交感神經位於優位
・製造出攻擊狀態

考慮到會因為競技的內容，以及穿著／目視的面積而產生變化，無法單純認定紅色一方就是特別有利的。

當紅色的面積比較小的時候，和穿著方相比，反而是觀看方的效果更佳。因此，穿著效果與觀看效果是紛繁地複合在一起的。

POINT　運動會時，白組有利？

在日本小學的運動會中，經常聽到「白組比較容易獲勝」的說法。例如在騎馬打仗等賽事中，身上穿著的紅色面積較小。另外，會一直看到對方紅色帽子的賽事上，和穿在身上的紅色相比，看著紅色的白組反而更容易獲勝。

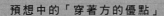

影響運動時心跳數的顏色

穿紅色衣服的反應

曾有一個關處於戰鬥狀況時的運動服顏色對於戰鬥時的體力及心跳數等物理相關數值影響的調查。找來了28位體重、身高及年紀都相同的男性運動員，隨機讓他們穿上紅色及藍色的運動服。

發現穿著紅色運動服的參加者心跳數較高，會刺激與爭鬥心有關聯的男性賀爾蒙——睪固酮的分泌，也會讓穿著者產生自信心，提升腿部的肌力。從此處得知**參加者的身體機能會受到紅色運動服的影響**（明斯特大學等，2013）。

綠色的放鬆效果

我們在走路的時候也會在無意識間受到顏色的影響，有一個實驗調查了步行速度與顏色之間的相互變化。受驗者會在放著綠色、紅色及白色的大型螢幕包圍下，在跑步機（室內用走路及跑步機）上用最舒適的速度走路或是跑步。結果，和其他兩個顏色相比，在綠色環境下走路時的心跳數大幅度降低，這是因為綠色製造出來的放鬆效果所產生的，這也幫助我們預測出綠色促進節能的效用（Brik、Majade，2019）。

顏色與心跳數

在被綠色包圍的環境中運動時（在實驗中為電視畫面），相較於白色與紅色，發現綠色能製造出相對放鬆的狀態。

鶸色

明亮且淡的黃綠色。

C23 M4 Y80 K0
R211 G218 B75
1GY 8/8

草色

牧草等草類植物的顏色。

C71 M32 Y100 K0
R87 G139 B53
5GY 5/8

抹茶色 *

抹茶的淡茶色。

C46 M23 Y54 K0
R153 G173 B130
7GY 7/4

青草色

樹木及草叢
可以看到的綠色。

C67 M12 Y99 K0
R91 G164 B52
7.5GY 6/10

人有著會依照印象判斷事物的傾向，光是看到綠色，就能夠在大腦中製造出在草原以及山中走路的想像。

POINT 睪固酮

一種男性賀爾蒙，是與肌肉增長及骨骼發育有關的激素，據說也與攻擊性及競爭心的高低相關。也有著當分泌量增加時，可以讓人重拾年輕活力的效果。

孩童房間的環境色

提升學習效果的顏色❶

提升學習效果的房間顏色

若考慮學習效果與「幹勁」之間的相關性，可以將其分在情感類型效應那一類，此篇將從無意識間產生效果的角度以及對生理的影響來介紹。

如果要提升孩童的學習效果，**將其房間顏色統一用冷色系是不錯的選擇**。藍色不只帶來放鬆感，還可以增加集中力，提高明度之後的明亮藍色也不錯（但還是要避開高彩度的顏色）。

使用白色為基礎色的話，可以讓房間變得更明亮，但以孩童房間來說，讓人感受不到生命力的顏色效果不佳，因此盡量避免在孩童房間使用單色調。另外，在房間內使用複數的明亮顏色也有助於大腦的發展；相對地，只有白色或是單色的房間就難以期待會有效果。

依據個人性格量身打造

但是，並非每位孩子都適合藍色的房間，**根據每個人的個性，設計成有助於發展個人特質的房間是最好的**。配合從喜好顏色延伸出來的個性（P．60～P．70）來考量房間的裝潢吧。

比如說想要發展創造性的話，就可以使用多一點藍色、水藍色以及黃綠色；對於缺乏集中力的孩子來說可以使用藍色系的顏色。如果是要求均衡、協調感的話，就加入和諧的綠色系吧，而欲發展知性好奇心的話選黃色；想要增加親切感、發展受人歡迎的性格，就試著使用橘色看看吧！

孩童房間的顏色
優點／缺點

藍色房間

優點
- 增加集中力
- 提升讀書效率
- 有助於放鬆

缺點
- 感覺空間較為冰冷

橘色房間

優點
- 培養開朗的性格
- 增加朋友數量

缺點
- 討厭失敗

綠色房間

優點
- 可以成長為均衡和諧的人
- 以自己步調行事

缺點
- 會變得自我中心

紫色房間

優點
- 提升創造力
- 讓感覺變得更敏銳

缺點
- 容易形塑成不穩定的個性

POINT 幾何學效果

建議孩童房間牆壁上的花紋不要使用鳥或是星星這類具體的圖案，推薦使用抽象或是幾何圖形，可以鍛鍊孩童的想像力，而運用木頭紋路也有助於孩童的情操教育。

提升學習效果的顏色②

幫助默背以及理解的顏色

顏色可以成為幫助記憶以及提升理解力的道具。國外有個實驗指出當需要背誦內容時，**活用色彩可以提升約20%的學習效率**。這是因為和全部使用黑色文字的學習過程相比，顏色可以更進一步刺激大腦的緣故。

如果是想要促進孩童的理解能力，和單色教材相比，推薦使用雙色教材，在想要特別強調的地方使用紅色的雙色教材，可以有效提高學習效果，還可以提升反應速度（丸山、赤堀，2007）。

如果是想要在短時間內提升記憶效果，紅色也會是較好的選擇。

輔助學習的顏色

有助於專注學習的顏色

藍色以能提高集中力而聞名，不過也有研究指出紅色同樣是有助於短時間記憶的顏色，這應該是為了提高緊張感而得以暫時提升能力的緣故。但是，如果過度使用紅色，就會導致注意力渙散，致使集中力下降，曾有實驗針對使用白色、綠色以及紅色考試用紙做測試，結果使用紅色用紙時成績最差。

欲在文字上使用紅色時，應減少使用面積，而以較大面積使用藍色系時會有助於放鬆以及提升集中力。另外，還有個方法是不拘泥於顏色的效應，而自由地使用個人喜好的色彩來幫助強化學習。

用於教材的顏色

使用顏色的優點
・提升記憶力
・提高理解力
・增加反應速度

在重點處使用紅色印刷的教材有助於提升記憶力。
紅色具有提高記憶能力的特性。

測試用紙整張都變成紅色的話，就不容易發揮實力。

POINT 紙本VS電子書

有研究指出在有限的時間中被規定必得讀書的時候，和電子書相比，紙本書籍比較容易留在記憶中。可能是因為紙的味道、手的動作以及封面的顏色等這些複合情報會刺激大腦的緣故。

提升性相關機能的顏色

紅色會提升性機能

在日本，使用蔓性多年生植物茜草染成紅色的兜襠布以及肚兜，從古時開始就被認為具有強壯的作用。老一輩的日本人大多認為紅色的兜襠布及肚兜，可以提升生殖器官的發達程度以及加強機能。

在第一百頁介紹了在女性的照片背景以及洋裝上選擇使用紅色時，會讓女性感覺更具魅力的實驗，這告訴我們紅色與性吸引力是有關聯的。在之後的其他實驗中，和平均年齡48．2歲的女性相比，將紅色用在平均年齡23．7歲的女性身上，其效果更為顯著（Schwarz、Singer，2013）。

另外，以男性為主角的照片實驗中，發現

誘惑人的紅色力量

紅色對於沒有自信的男性完全沒有幫助；而對於充滿自信的男性來說，則會看起來更具魅力。

日本獼猴的屁股是紅色的，在繁殖期會變得更紅，據說是公猴為了要吸引母猴的緣故。特別是高居領導地位的獼猴屁股會比其他獼猴都要來得更紅，這也佐證了**紅色與性方面的機能有著相當大的關聯性。**

在上述結論中，必須要注意到的是，即使女性只是出自於單純想要穿紅色衣服的心情而出現在男性面前時，男性也有可能會自我解釋成眼前的女性正在誘惑自己。

當想要誘惑男性時，有意識地穿著紅色；但若不想被誤會時，小心避免紅色衣物才是上策。

性機能與紅色的關係

日本傳統兜檔布顏色

茜色

用茜草染的，稍微深的紅色。

C0 M90 Y70 K30
R183 G39 B45
4R 4/11

和藍染一樣，都是人類最古老的植物染料。以前布是一種很貴重的物品，在日本戰國時代，據説是用有無穿戴兜襠布來調查死者的身分。據説紅色兜襠布有助於提高生殖機能。

女性穿著紅色衣服出現在男性面前時，雖然會提高女子力方面的評價，但同時也有可能被誤會成是在誘惑男性。

POINT 誘惑他的顏色

雖然是受歡迎的顏色，但穿著紅色衣服時被不認識的男性搭訕，還是會覺得很煩。推薦有此困擾的女性選擇紅色系的決戰內衣。在清純感的風格內藏著紅色所帶來的反差效果，有很大的機會可以正中對方下懷。

Column

提升色彩力①

色彩基礎知識

讀者中應該有不少人希望在接觸顏色相關的事物時，能夠延伸發揮自己的色彩力（色彩感覺）。色彩力是可以透過鍛鍊負責接收視覺部分的大腦，藉由後天磨鍊出來的。

如果以顏色的總和能力來分類色彩力，可以分成下列五種。

・色彩基礎知識　・色彩認知能力　・色彩分析能力
・色彩記憶力、重現力　・色彩表現力

最一開始學到的是「色彩基礎知識」，這個部分只要多閱讀本書幾次就能夠獲得足夠知識。如果是要補齊不足的部分，推薦閱讀色彩學基礎的顏色檢定測驗及顏色搭配檢定的三級與二級左右的參考書。除此之外，也建議閱讀運用腦科學知識所撰寫的解說顏色書籍。

提升色彩力　迷你測驗

Q1：感覺最重的顏色是？

A　B　C　D

Q2：最具有沉著效果的顏色是？

A　B　C　D

答案：Q1：D　Q2：B

第2章

顏色的基礎／什麼是顏色？

我是赤色神。顏色是如何構成的呢？在本章要學習的就是顏色的基礎知識。也會稍微談談人類看見顏色的機制以及眼睛的機能、色彩心理的歷史以及各式各樣顏色的效果。還會介紹補色、顏色的對比效應以及同化效應等等與顏色有關的有趣事物，是學習顏色的基礎章節喔！

顏色的基本種類

支撐色彩心理的顏色基礎知識

此章一開始要介紹的是學習色彩心理學之前需要事先理解的顏色基礎知識。雖然顏色複雜難懂，但只要好好地將基礎內容記住，就有辦法處理複雜的因素。

◉看見顏色的機能／眼睛的機能

話說回來，顏色到底是什麼？為了要知曉其理論基礎，會為大家解說從看見到認知顏色的人體機制，也會提到一般色彩書籍不太會涉略的大腦部分。

◉色彩心理的歷史

除了學習色彩心理的起源，也要理解包含色彩心理與心理學之間關聯的歷史。透過瞭解誕生的背景，更能加深學習的理解度及趣味性。

◉顏色的基本知識

此部分會帶大家認識顏色的基本內容，例如什麼是純色以及色調是什麼，整理了在各種情境下所使用的混色知識。

◉顏色的表達方法

學習顏色的表達方式。說明色名的種類以及名為孟塞爾顏色系統的表達方法。

◉色彩效應／性質

整理了從顏色的對比效應、同化效應、視認性、誘目性到史楚普效應（Stroop effect）等顏色的性質及效用。

在第二章要學習的事物

① 看見顏色的機能／眼睛的機能

・看見顏色的機制
・看見顏色的構造

（P.124～P.131）

② 色彩心理的歷史

・色彩心理的起源
・色彩心理與心理學

（P.132～P.139）

③ 顏色的基本知識

・純色、中間色
・色調
・混色

（P.140～P.143）

・基本色
・專有色名、慣用色名、傳統色名
・孟塞爾顏色系統（MunsellColor System）

（P.144～P.149）

⑤ 色彩效應／性質

・對比效應、同化效應
・視認性、誘目性
・史楚普效應
……等等

（P.150～P.169）

什麼是顏色？

顏色與波長

◉顏色的真面目是一種電磁波

顏色是何種物質呢？我們所認知的**「顏色」**，**實際上是一種電磁波**，我們會把其中波長380～780nm範圍內的電磁波認知為顏色。這個範圍內的電磁波稱為可見光，波長短的會被辨識成藍紫色，波長長的則是會被辨識為紅色。

而我們為了要看到顏色，會**需要「光源」、「物體」以及「視覺」（眼睛）這三種條件**，只要缺乏任何一種都會無法辨識顏色。當光源（太陽或是燈光）發出來的光照射到物體（蘋果或是洋裝），物體反射回來的光（一部分會穿透過去）被眼睛接收後，我們就可以看到顏色了。

看見顏色的機制

想看見顏色，需要「光源」、「物體」以及「視覺」（眼睛）。

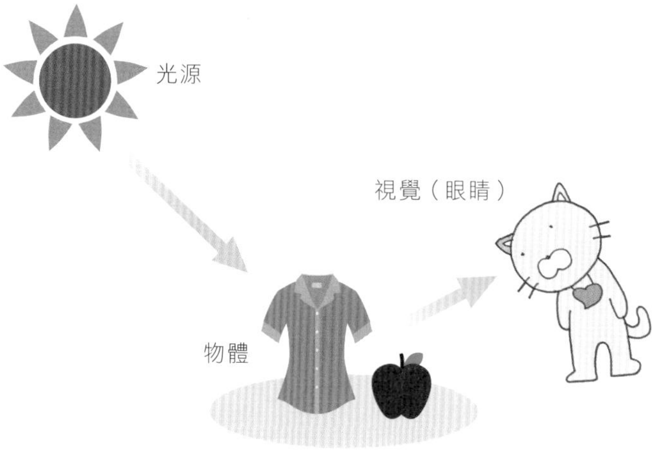

顏色的原形

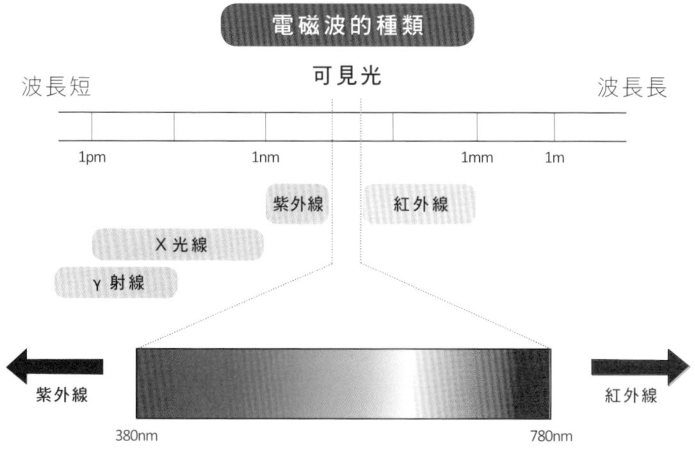

這個彩虹區間稱為「光譜」，位於可視光藍紫色（紫色）外的電磁波稱為「紫外線」，位於紅色外的電磁波稱為「紅外線」，而不管是紫外線還是紅外線，人類都無法看見。

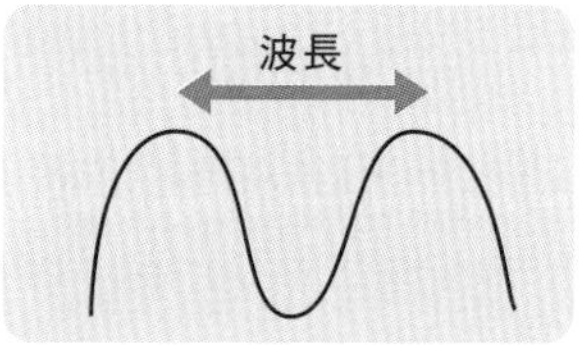

電磁波的「波長」指的是從波峰到下一個波峰間的長度。

○短波長
約380~500nm，主要為藍色。

○中波長
約500~600nm，主要為綠色。

○長波長
約600~780nm，主要為紅色。

POINT **為什麼顏色看起來會連接形成圓形？**

明明藍紫色（紫色）與紅色在物理上是距離最遠的顏色，但在色相環上卻看起來是相連的，這是因為在大腦內辨識紅色與辨識紫色的部位相鄰，再加上隔著這兩部位的膜為多孔性（上面有孔洞）的緣故。

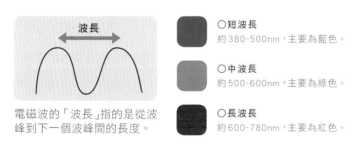

看見顏色的機制①

視錐細胞

顏色是用眼睛辨識，用腦形成

那麼顏色又存在哪裡呢？

當問到這個問題時，很多人可能會以為我們是透過光看到物體上面的顏色，但其實物體只是有著會反射、吸收特定電磁波的性質而已。實際上我們是用眼睛去辨識反射、吸收後的光，並將光用電子訊號的方式傳送到大腦，在**腦中認識顏色的**，也就是說顏色是用眼睛去辨識，經由大腦運作來形成的。

辨識顏色的視錐細胞

眼睛和相機的構造類似，從鏡頭進來的光會在視網膜上形成影像。視網膜上面有兩種視覺細胞：感受顏色的視錐細胞（Cone cell）以及感受光的視桿細胞（Rod cell）。視錐細胞會在明亮的地方發揮作用，並感受光譜中特定的波長。感受短波長的S視錐細胞主要會感受藍色，感受中波長的M視錐細胞則是綠色，而感受長波長的L視錐細胞則是感受紅色。

感受顏色的感覺稱為色覺，而會產生個人差距的其中一個原因，就是因為視錐細胞的影響。據說日本男性中約５％的人有著色覺異常。

有色覺異常的人不容易區分紅色與綠色，這是因為這些人沒有會對中波長、長波長產生強烈反應的M視錐細胞以及L視錐細胞，或是此兩種細胞的機能沒有發揮應有作用的緣故。

據說女性中只有不到１％的人會罹患色覺異常。

顏色與眼睛及腦的關係

眼睛的構造

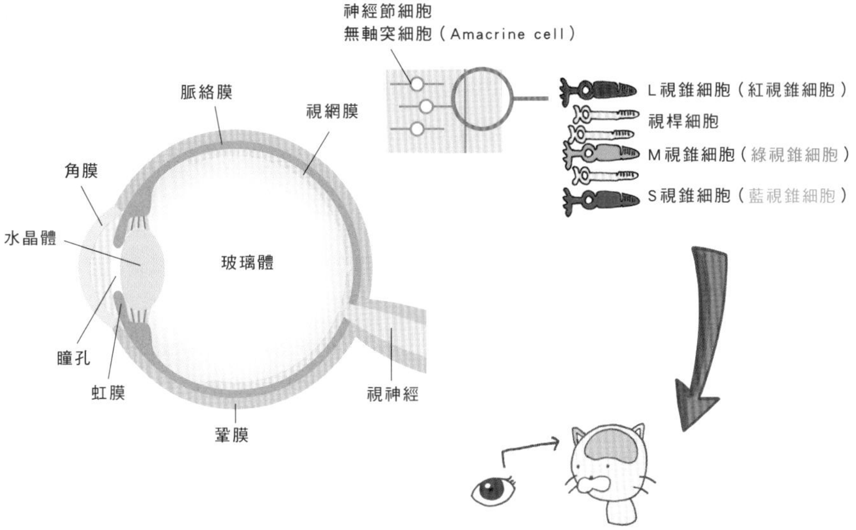

顏色是透過眼中的視錐細胞所感受，再轉變成電子訊號傳送到大腦中。

補色後像的實驗

POINT　實際體驗看看視錐細胞的作用吧

盯著上面的紅色圓形看20秒，接著看向右邊白色部分的黑色小點。此時應該會看到一個微微的藍色圓圈浮現出來，這就稱為「補色後像」（Complementary afterimage）。一直看紅色時，L視錐細胞會疲乏，容易被沒使用到的S視錐細胞影響，作為紅色補色的藍色就會浮現出來。

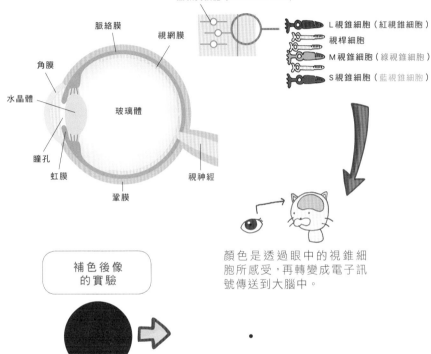

看見顏色的機制②

視桿細胞

◉對光線產生反應的視桿細胞

視桿細胞不會對顏色產生反應，只會感受明暗，即使眼前的明亮度暗到視錐細胞不會產生反應，視桿細胞也可以活動。

另一方面，雖然視桿細胞只要有一點光源就可以產生反應，卻無法感受顏色。這就是為什麼在暗處時，雖然可以知道物體的形狀，卻無法知道該物體的顏色。視桿細胞中有一個稱為視紫質的物質，負責吸收光線後將光資訊轉變成分子構造。

◉暗適應與亮適應

進入正在放映影片的昏暗電影院時總是伸手不見五指，但一陣子之後就可以模模糊糊地看到影院內的樣子，**這個眼睛習慣昏暗場所的現象稱為「暗適應」（Dark adaptation）**。視桿細胞會因為視紫質的累積而更加敏銳，因為累積視紫質需要一定程度的時間，所以眼睛也需要一段時間適應黑暗。

反過來**從昏暗的地方到明亮之處時，會覺得光線刺眼得什麼都看不到，但過一陣子之後眼睛就能適應，這稱為「亮適應」（Light adaptation）**。那是因為在昏暗處累積起來的視紫質，一旦到了明亮的地方時，敏感度就會過高的緣故。視紫質受到光線照射時就會被分解，過了一陣子之後就可以正常看見東西了。

跟累積相比，視紫質分解的速度比較快，暗適應有時候會需要花上30分鐘，亮適應則約1分鐘左右就會恢復。

暗適應與亮適應

暗適應

從明亮的地方突然進到昏暗處時，會看不到周圍的狀況，但過了一陣子就可以看到了（時間較長）。

亮適應

從昏暗處突然到明亮的地方時，會覺得光線刺眼得看不見任何東西，但過了一陣子就可以看到了（時間較快）。

順帶一提，貓咪是夜行性動物，只需要人類所需約七分之一的光線就可在黑暗中視物。

POINT 視紫質

視紫質是一種稱為視蛋白的蛋白質與維他命A的視黃醛（Retinal）構成的複合物質，所以當身體缺乏維他命A時，夜視能力就會降低，進而導致罹患夜盲症。順帶一提，據說皮膚中也含有視紫質。

大腦內的處理

視覺資訊在大腦內的處理方法

雖然學習色彩心理時很少提到，不過接下來**為了理解看見顏色的機制，讓我來說明一下腦部的運作過程**。

◉大腦看見顏色的機制

光線被視錐細胞感受到後，會轉變成電子訊號的情報，接著送到大腦中稱為初級視覺皮質（V1）的地方，透過稱為視覺背側路徑V1、V2、V3的訊號，會被辨識其是屬於位置或是運動的資訊。關於顏色以及形狀的部分，依循稱為視覺腹側路徑的V1、V2、V4移動。

關於顏色的辨識被認為主要是在V4的部位處理的，此處有只對特定顏色產生反應的腦細胞，越往深處移動就有越多會對其他顏色產生反應的細胞出現。

大腦的資訊處理路徑

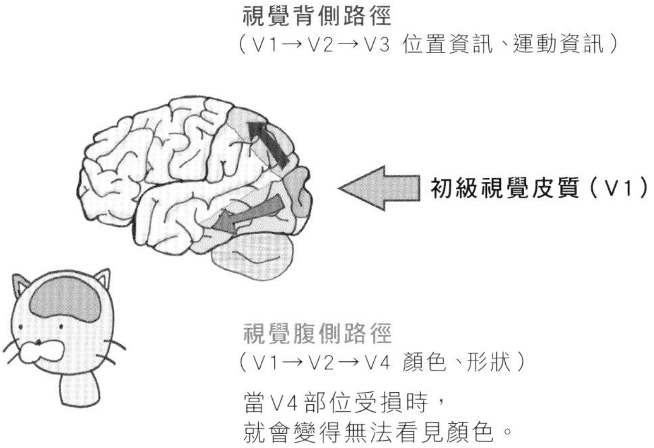

大腦中的運作過程為何？

棋盤陰影錯覺

愛德華·阿德爾森（Edward Adelson）錯覺

A
B

A和B
是同色的嗎？
還是不同
顏色呢？
不同顏色吧？

為大家介紹一個可以實際感受到顏色是由大腦所辨識出來的視錯覺。提出此錯覺的是麻省理工學院的阿德爾森教授。之所以A和B會看起來像是不同顏色，其中一個原因是和相連顏色之間所產生出來的對比效應。另一個原因是B位於圓柱體的陰影之中，而大腦認為位於陰影中的顏色通常會比較暗的緣故（Adelson，2005）。

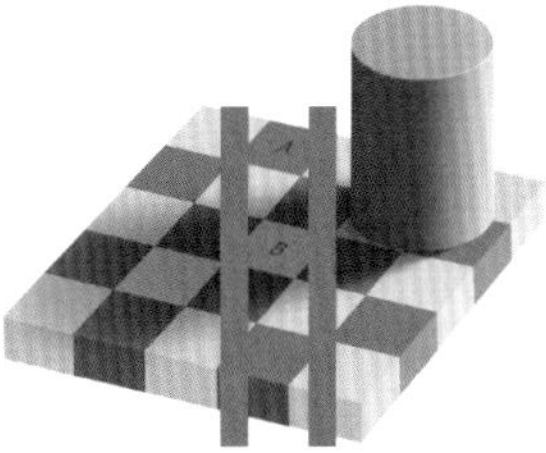

畫線之後就會發現是同一種顏色。

POINT 視覺皮質

位於大腦皮質中，負責處理視覺的部位。在V1中，只會做單純的處理，之後就會送到V2，接著是V3，最後送到V4。會對藍色產生反應的細胞只會捕捉藍色，只對特定形狀產生反應的細胞也是一樣。

色彩心理的歷史①

探求顏色的開端

古埃及的顏色

除了法國拉斯科洞窟或是西班牙阿爾塔米拉洞窟中的壁畫外，世界各地的古代人，在使用顏色上都是有其意義的。**與其說是為了藝術性，從大多都是以儀式、法術性質因素較多**的歷史背景探求，就可以知道古人常有想要在某些時刻活用顏色強大力量的意圖。

公元前數千年的古埃及中，據說就已經開始使用最原始的色彩療法，以顏色來治療疾病。他們會沐浴在有顏色的光照中，並將色彩鮮豔的寶石放在身上做為裝飾，來試圖恢復健康。紅、黑、白、藍（包含綠色）以及黃色是特別的顏色，在這些顏色中，黃色是作為黃金的替代顏色，和作為再生象徵的藍色（包含綠色）都是屬於重要的顏色。

公元前三千年前的古希臘中也有使用顏色來治療疾病的紀錄，此時代的色彩更為豐富，也會開始使用像是粉紅色以及橘色等微妙的顏色了。古代邁諾斯文明中也充滿著和豐富的顏色一起錘鍊出的色彩文化。

開始研究顏色

公元前四百年左右，古希臘**哲學家柏拉圖以及其弟子亞里斯多德開始著手研究顏色**，也提到顏色的製作方式以及混色等知識，在古羅馬中也發現了各式各樣的色料，可見當時已經發展出了豐富的色彩表現了。

古代文明與顏色的歷史

公元前3000年

古埃及

在古埃及中，藍色（包含綠色）和黃色都被當作是重要的顏色。據説黃色是黃金的替代顏色，藍色則是特別為了奉獻給神或是死者而專門調製出來的顏色。

赫卡權杖
王權的象徵

尼羅河藍

在壁畫中的文字以及圖畫中可以看到的綠色。

C70 M0 Y40 K20
R36 G158 B147
7.5BG 6/8

赭黃色

將天然黃色的泥土當作顏料的顏色。

C19 M37 Y86 K1
R212 G166 B51
2.5Y 6/9

公元前400年

古希臘

柏拉圖以及亞里斯多德開啟了「何謂色彩」的研究。

龐貝紅

在古代龐貝城的廢墟中挖掘出來的紅色。

C19 M94 Y100 K0
R202 G38 B28
7R 5/12

骨螺紫

從價格高昂的貝紫中製造出來的紫色。

C0 M70 Y5 K50
R148 G64 B100
6RP 4/6

POINT 顏色的峽谷

埃及的底比斯古城中，有一個稱為帝王谷的峽谷，這裡建造了許多皇家陵墓。該峽谷附近有一個採集顏料的地方，稱為「顏色的峽谷」。在那裡可以取得紅色、黃色以及白色的色料。另外，藍色則是負責連接本國與世界的重要顏色。

色彩心理的歷史②

近代對於顏色的研究以及色彩心理

◉ 顏色的研究開始了

到了15世紀的文藝復興時代之後，因為達文西以及米開朗基羅等**藝術家的活躍，色彩文化開始擴散開來**。達文西在著作中也提及色彩的調和理論以及補色等，並將特定的顏色如白色、黃色、綠色、藍色、紅色及黑色認定為基本色。

在那個時代，從天然礦物青金岩採取出來的藍色顏料——群青色被認為是非常具有價值的顏色。同時也是從原產地阿富汗跨越地中海而來的珍貴顏色，因為路途跨過海洋，所以才命名為群青（Ultramarine）。此色也因用於基督教畫作中聖母瑪莉亞的披風上，被稱為麥當娜藍（Madonna Blue）。在歐洲，也曾有將藍色當作是暖色的時期，也是源自於聖母瑪莉亞的緣故。

◉ 顏色科學化

英國物理學者牛頓在1666年以太陽光進行了分光實驗之後，發現了光譜。在1704年出版的書籍《光學》中寫到「太陽光是由複數顏色的光重疊在一起所形成的」，**以物理學的方式解釋了光**。在同一時期，巴洛克的畫家們也開始在繪畫表現中，使用明暗對比來描繪光明與黑暗。

還有在1732年的法國，世界首次成功以三原色進行印刷，顏色已經變得可以用科學的方式來說明了。

色彩文化的擴散以及顏色的研究

15世紀

歐洲

因為達文西以及米開朗基羅等藝術家的活躍，使得色彩文化向外傳播。

群青色

很多畫家都使用這個顏色來繪製聖母瑪莉亞的斗篷。

C98 M62 Y0 K0
R0 G90 B169
6PB 4/14

翡翠綠

文藝復興時期中，最受眾人喜愛的顏色。

C98 M0 Y74 K0
R0 G159 B108
7.5G 6/8

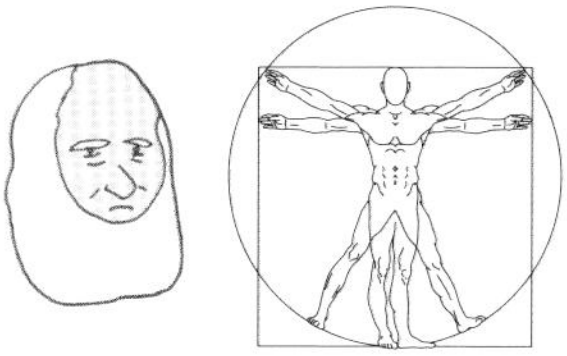

17世紀

歐洲

牛頓以太陽光進行分光實驗，發現了光譜。以物理的方式解析了顏色。

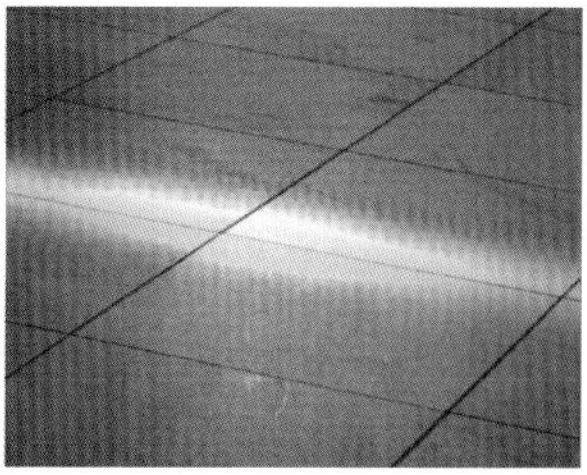

太陽光的光譜。

POINT 原色

將特定的顏色當作是全體的基本色，這一個想法是從亞里斯多德提出的。達文西將基本色認定為六色，建築師阿爾伯蒂則認為紅色、綠色、天空色以及褐色這四種顏色為基本色，皆為古典的原色。

色彩心理的歷史③

色彩心理學的誕生

主觀的色彩理論誕生

到了19世紀之後，主觀的色彩現象開始受到矚目。1810年歌德發表了《色彩論》，把重點放在顏色對人的情感產生的影響上，解說了顏色在生理及情感上的作用，這些理論成為了**現代色彩心理的基礎**。以詩人身分出名的歌德，也曾以色彩研究家的身分活躍。

另外，德國物理學家赫爾曼・馮・亥姆霍茨發展了湯瑪士・楊格的三原色光理論，誕生了「楊格－亥姆霍茲彩色視覺理論」。法國科學家謝弗勒爾從染色以及編織品的研究中，收穫了好幾個不同的新發現，如色彩調及色彩的法則等，也是**現代色彩調和理論的開端**。

色彩調和理論、色彩心理的發展

從19世紀後半到20世紀，路德、奧斯特瓦爾德、沐恩與斯賓瑟、伊登以及賈德等色彩調和理論接二連三地發表。色彩的表示系統則經由阿爾伯特・H・孟塞爾以及威廉・奧斯特瓦爾德所確立。

之後在美國，色彩心理和市場行銷策略共同發展。法貝爾・比倫以及路易斯・契斯金出版了研究顏色與重量、個性與顏色喜好關聯的專業色彩心理的書籍，而這些書籍也成為了眾多色彩研究者的教科書。

色彩心理的發展

19世紀

歌德批判了牛頓的想法，對他用折射率這種數量性質方式來說明顏色的想法抱持著不滿。

- 歌德注重人類所感受到的感覺
- 牛頓研究了光，但歌德認為顏色是從介於光明與黑暗之間的境界中出現的。

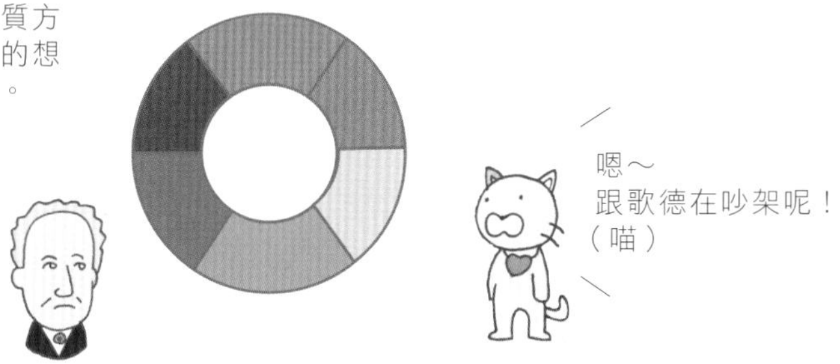

20世紀

比倫以色彩顧問的身分推進了色彩心理的研究，對其發展相當有貢獻。

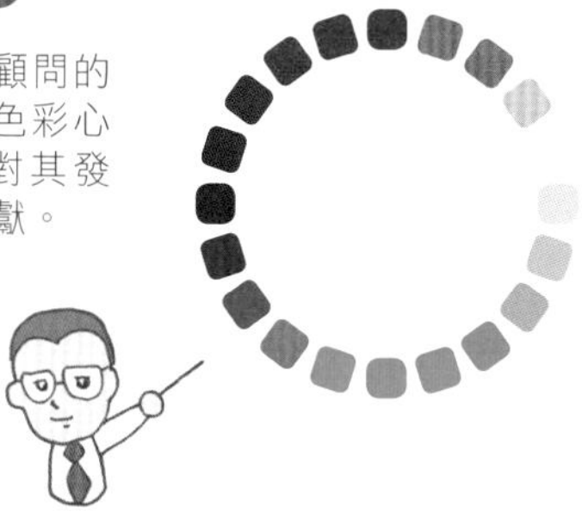

孟塞爾顏色系統也發表了。

POINT **法貝爾·比倫**

1900年～1988年。為色彩科學性研究的專家，持續研究了色彩與人類之間的反應。以首位色彩諮詢專家之姿，在大企業以及政府機關擔任顧問。

色彩心理的歷史④

色彩心理學與心理學

◉兩個獨自發展至今的學問

就如同追溯歷史後之所見，與其說色彩心理學是從心理學分支出來的學問，**不如說它其實是獨自發展至今的**。雖然前面說顏色的研究是跟人類歷史並行俱進的，但關於透過顏色來讀心以及顏色會帶給人何種影響的研究，仍舊是最近才開始發展而已。

追溯心理學的歷史時，可以回顧到柏拉圖以及亞里斯多德時期，由此開始，心理學的發展可以連結到區分物質（身體）和精神（心理）、提倡實體二元論的笛卡爾；催生心理學這門學問的馮特；提倡行為主義心理學的約翰·華生；精神分析創始者佛洛伊德、分析心理學的榮格以及個人心理學的阿德勒。在這些階段，色彩心理學與心理學並沒有太大的交集。

◉現代的色彩心理及心理學

即使在現代，色彩心理學和心理學大都還是分別由不同的專家學者及團體來進行研究，能同時活用兩種學問來改善或是分析人心的研究者目前仍屬於極少數。

理解顏色的喜好與個性之間的關係後，接著看到潛意識與色彩的影響力、色彩療法等等，逐漸地也有人意識到**色彩心理學與心理學有著無法切割開來的部分**。

色彩心理學與心理學

色彩心理學與心理學概要年表

POINT **認知心理學**

是基礎心理學的其中一個次類別。研究範圍大致上可以分成「知覺」、「記憶」、「思考」以及「語言」等與人類認知有關的心理。與色彩心理有著相當深的關聯性，認知心理學的知識對於學習色彩心理來說是非常重要的。

顏色的基本 1

純色／清色／中間色以及色調

◉ 純色／清色／中間色

從這裡開始會介紹學習色彩心理時，需要先了解的顏色基礎。有彩色的各個色相中，最鮮豔的顏色稱為**純色**。純色加入白色後的顏色稱為**明清色調**，加入黑色的顏色稱為**暗清色調**。加入白色跟黑色後的顏色稱為**中間色**。

說明顏色時，常會說「色調很明亮」或是「鮮豔的色調」等等，**色調指的是明度和彩度搭配之後的表現**。用明亮、暗沉、濃厚、淡薄、淺、深等形容方式來表現顏色的狀態，統整了明度和彩度的表達方式。就算色相改變，也容易獲得統一的印象，是一種很好用的表現方式。

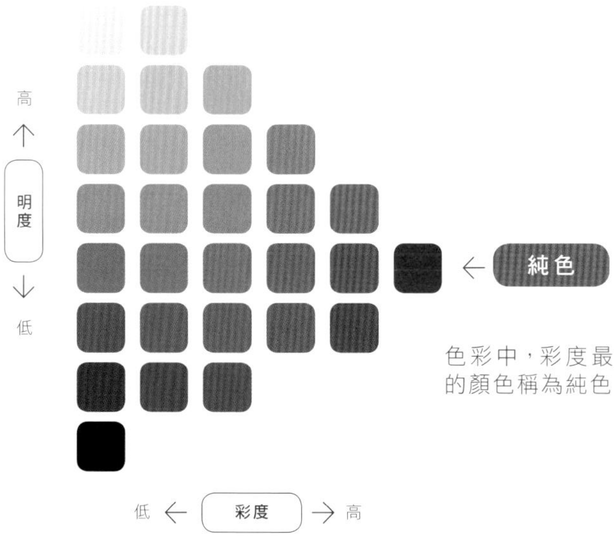

色彩中，彩度最高的顏色稱為純色。

純色／清色／中間色

清色與中間色

在純色裡面加入白色後的顏色稱為明清色調，在純色裡面加入黑色後的顏色稱為暗清色調。黑白兩色都加入之後的顏色稱為中間色。

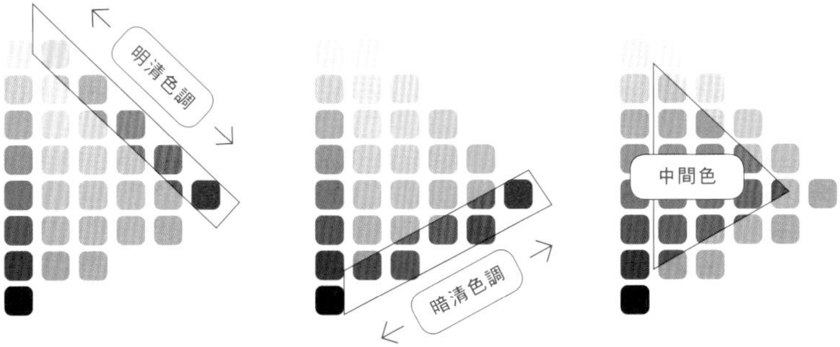

色調（具代表性的）

色調指的是明度與彩度搭配之後的表現。在時裝界中經常運用色調表現。根據色彩團體不同，也有其他不同的名稱及省略詞，要小心避免混用。

鮮豔色調
彩度最高，看起來最鮮明的色調

黑暗色調
給人世故、成熟印象的色調。

粉色調
表現輕、淺、淡的色調。

灰色調
給人雅素、枯萎印象的色調

POINT 「鮮豔的」與維他命色

鮮豔的（Vivid）指的是「顏色鮮豔」、「鮮明」的意思，用以形容給人躍動感的顏色，再延伸使用在充滿生命力又鮮豔的物品上。維他命色指的是在柑橘類上可以看到的鮮豔黃色。

顏色的基本②

混色CMY與RGB

顏色是可以透過混合來製造出其他色彩的，這稱為**混色法**，混合基本的顏色後來製造出其他顏色。原色共有三色，這**三色基本上幾乎可以製造出所有的顏色**。

◉ CMY（減法混色）

混合越多、顏色越深的混色法指的就是「減法混色」。其原色是青色（Cyan／靠近綠色的藍色）、洋紅色（Magenta／接近紫色的紅色）以及黃色（Yellow）這三種顏色。把這三種顏色的英文名稱頭一字取出來就是CMY，這是用水彩和印刷創造色彩的基本原理。

各個原色會吸收三分之一的可見光。青色是紅色的領域，洋紅色是綠色的領域，黃色是藍色的領域。比如說，把青色和黃色組合在一起時，就會看到剩下沒被吸收到的綠色。然後把三色都組合在一起時，因為所有顏色都被吸收，就會看到黑色。

雖是這樣說，但因為沒辦法完全吸收，所以在印刷的時候會再加上一個黑色（K）的頭文字，CMYK才是一般常用的用法。K指的並不是「Kuro」（黑色的日文發音），而是取自打印按鍵板（Key Plate）的K。

◉ RGB（加法混色）

混合越多、顏色則越明亮的混色法則稱為「加法混色」。原色為紅色（Red）、綠色（Green）以及藍色（Blue）這三種顏色，混合在一起時就會變成白色，取英文名稱第一個字RGB來代稱。當多個色彩聚光燈重疊，看起來很明亮的效果就是這個原理。

CMY和RGB的差異

CMY（減法混色）

列表機、印刷等原理是以CMY為基礎。（減法混色和並置加法混色的組合）

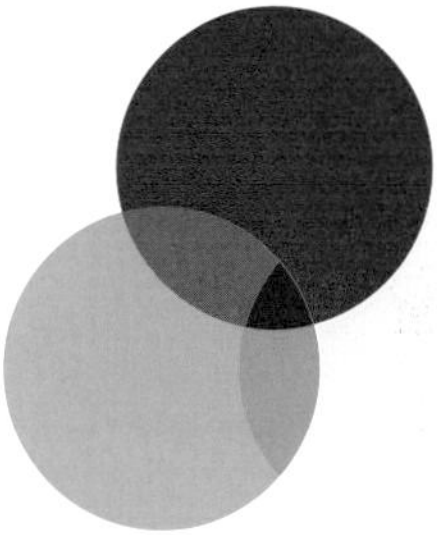

M：洋紅色
C0 M100 Y0 K0

C：青色
C100 M0 Y0 K0

Y：黃色
C0 M0 Y100 K0

RGB（加法混色）

電視以及電腦螢幕等的原理是以RBG為基礎。（並置加法混色）

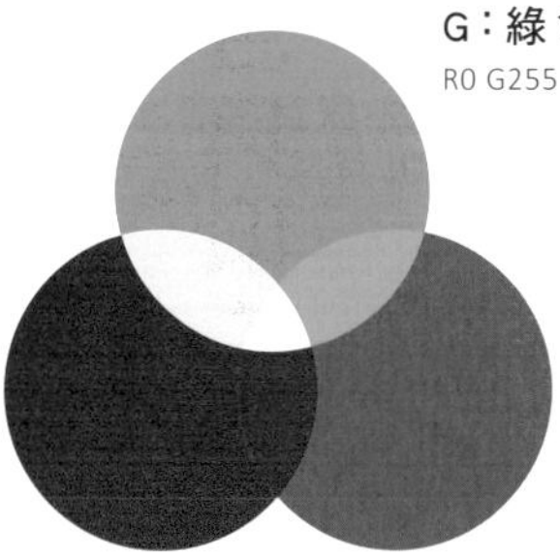

G：綠色
R0 G255 B0

R：紅色
R255 G0 B0

B：藍色
R0 G0 B255

POINT 原色

指的是混合之後就可以製造出其他顏色且彼此互相獨立的顏色。一般來說華麗的顏色就是原色，但在色彩的世界中，指的是最基礎的顏色。小心不要和色相中彩度最高的「純色」搞混了。

顏色的表達方法①

◉顏色的表達方式／傳達方式

顏色中有著三大要素，分別是色相、明度以及彩度，因此顏色是一種難以正確傳達的資訊。比如說，請你想像一下黃綠色，然後試著把這個顏色表達給朋友，然而，你跟朋友所想像的黃綠色可能不太一樣，只用「黃綠色」來說明是沒有辦法傳達這個顏色的色調、明亮度以及鮮豔程度的。為了防止這種事情發生，有幾個表現顏色的用法。

方法大致上分成兩種，以語言為主的方法以及使用數字、記號來表現的方法。前者中，最具代表性的是「基本色」、「專有色名」、「慣用色名」以及「系統色名」，後者則有著「ＣＭＹＫ色碼」以及「孟塞爾顏色系統」。

以詞彙來表達（基本顏色）

◉基本色

基本上會使用到的顏色分成「無彩色」以及「有彩色」。在「日本工業標準」（ＪＩＳ規格）中，無彩色一般是使用「白」、「黑」以及「灰」這三種顏色，有彩色則是使用紅、黃、綠、藍、紫，再加上表示中間顏色的黃紅色、紅綠色、藍綠色、藍紫色以及紅紫色這十種顏色。受到ＪＩＳ規格的影響，美國的ISCC-NBS系統的基本色名有13種，分別是white、gray、black、red、orange、yellow、yellow green、green、blue、purple、pink、brown以及olive。

用文字以及數值表示顏色

顏色的傳達方式不夠精確的話，有時候就會出現跟原本想像不一樣的顏色。

以文字來表示

①紅色
（基本色）
用基本色的顏色來表示的話，紅色就會變成相似的顏色。

②草莓紅
（專有色名）
在日文名稱中也被稱為莓色。

③鮮紅色
（系統色名）
使用與明度或是色相有關聯的修飾語搭配顏色使用。

表達顏色的方式
有很多種

以數值來表示

④C0 M90 Y40 K10
（CMYK色碼）
在各個數值中分成0～100。將這些數值合成在一起之後組成顏色。

⑤R216 G48 B92
（RGB色碼）
數值分成0～255。將這些數值合成在一起之後組成顏色。

⑥1R 4/14
（孟塞爾顏色系統）
以英文及三個數字的組合來表達顏色。

POINT　ISCC-NBS 系統

由兩個色彩團體：全美色彩協會（ISCC）與美國國家標準局（NBS）在經過了30年以上的共同研究開發之後，於1955年發表了這個系統，是一個全世界廣泛使用的色彩系統。但在日本，除了某一部分產業之外，幾乎都沒有在使用。

顏色的表達方法②

以詞彙來表達（專有色名／慣用色名／傳統色名）

◉專有色名／慣用色名

專有色名指的像是用桔梗花的花色命名為桔梗色一樣，以花、動物、礦石以及自然物（狀態）的特徵來命名的色名。**專有色名中，日常中常用到的顏色就稱為慣用色**。日本工業標準（ＪＩＳ）中將２６９種顏色設定為慣用色。優點是因為這些都是身邊常見的顏色，所以容易想像出來；缺點則是雖然有著像ＪＩＳ這樣子的規格，在商業界中還是會把這些顏色當作獨自的顏色自由地使用。本書並不會拘泥於ＪＩＳ，而是會以一般常用的顏色為主。

◉傳統色名

專有色名中，**也有部分色名是從以前沿用至今，這些稱為傳統色名。**

日本的傳統色名中又分成從日本飛鳥時代到室町時代為止都有在使用的古色，以及江戶時代之後才出現、相對比較新的顏色。

◉想讓大家先知道的專有色名／慣用色名

專有色名以及慣用色名的數量相當多，使用方式也非常地自由，並沒有任何的規定。同時也會因為選擇的參考書籍不同，而出現不同的顏色。

在本頁，考慮到會實際應用於商業的讀者，統整了容易搞混的顏色特徵。請將焦點放在專有色名以及慣用色名這個部分。

容易搞混的
專有色名／慣用色名

米色
被當作是淺咖啡色的總稱。

C0 M10 Y30 K10
R237 G219 B179
10YR 8/3

象牙色
指的是象牙色。世界上常用的名字。

C0 M1 Y12 K5
R248 G245 B227
2.5Y 9/2

奶油黃色
由乳製品奶油所命名的黃色。

C0 M5 Y35 K0
R255 G243 B194
4Y 9/4

這些都是淡黃色，所以容易搞混，跟象牙色相比，奶油黃色是比較深一點的顏色。

江戶紫
以武藏野的紫草所染出來的紫色。江戶人最自傲的顏色。

C60 M72 Y0 K12
R115 G78 B148
2.5P 4/7

京紫
遵守代代單傳的古法紫染技術的紫師所守護的紫色。

C062 M84 Y33 K10
R116 G61 B109
7.5P 3/6

江戶的純粹紫色比較藍，京都的紫色比較華麗又帶點紅色。也有文獻指稱這兩種顏色應該是相反的，可能是顏色產生變化所導致。

歐丁香色
命名自歐丁香花的顏色，帶點紅色的紫色。

C29 M57 Y0 K0（右）
R187 G128 B180
7.5P 6/8

薰衣草色
命名自薰衣草花的顏色，帶藍色的紫色。

C42 M49 Y2 K5（右）
R156 G132 B182
2.5P 6/8

和JIS的慣用色（左）相比，幾乎沒有差距，但與在商業上使用的市場顏色對照（右）就出現差異了。歐丁香色是淺紅紫色，薰衣草則是淺藍紫色。

和P.41的歐香丁香色比起來，色調有所不同。

POINT 不可以用單點的方式看顏色

因為產生過程不同，所以不能用單點的方式來看專有色名以及慣用色名。試看若草色的葉子，葉子上的顏色有些偏向黃綠色，也部分偏向綠色。顏色是一種「範圍」，不需要分辨得太過詳細，要以範圍的方式來看且自由地使用它。

顏色的表達方法③

孟塞爾顏色系統

◉將三個屬性數值化

以定量的方式來表現顏色的顏色系統中，有著各式各樣的規範，像是奧斯特瓦爾德色彩系統，以及源自日本、以色相及色調來制定的PCCS系統等等，本書將為大家解說**最容易使用，同時也是國際通用的孟塞爾顏色系統。**

因為孟塞爾顏色系統是以數值的方式來細分色相、明度及彩度，因此可以正確地指定顏色。

◉色相、明度、彩度

色相稱為Hue，是用R（紅色）、Y（黃色）、G（綠色）、B（藍色）、P（紫色）以及各色中間的中間色相，總計十個顏色來呈現。各個色相分成十等分來呈現。

明度是Valure。最深的顏色為1，最亮的數值為9.5（理論上是10，實際上為9.5）。

彩度是Chrome。最濁（最多灰色）的顏色彩度為0，彩度的最大值會根據色相而有所不同。5R（紅色）為14，但是5BG（藍綠色）只有10。即使彩度是同數值，有時候也會覺得鮮豔度不一樣。

有彩色會用「色相明度／彩度」的順序來標記。綠色為「5G 5／12」。光是看「5G 5／8」這個數字，即使是同色相也能夠理解到這是一個彩度變低的顏色。

無彩色則是會用「N」與數字搭配來標記。「N5」是中等的明亮程度，到「N8」之後，就可以知道這是亮灰色。

孟塞爾顏色系統的閱讀方法

色相

將各個色相分成10等分，並在各個記號前面加上1～10為止的數字加以細分。當分類太細變得難以辨識時，會以2.5的方式來標記．

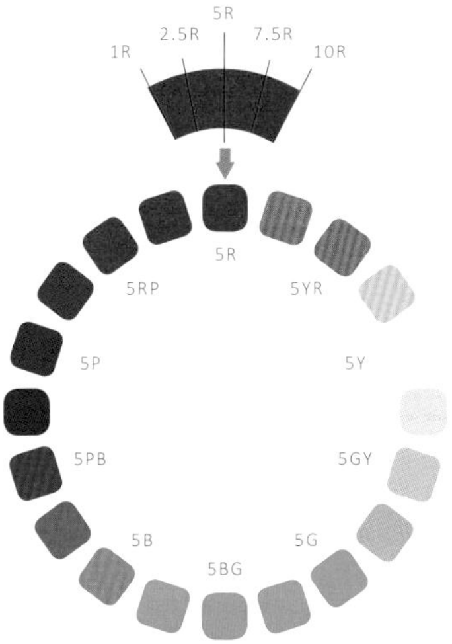

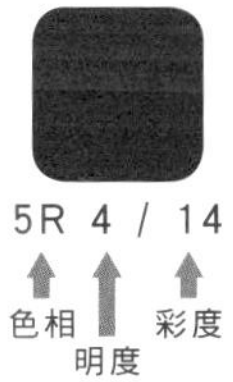

明度・彩度

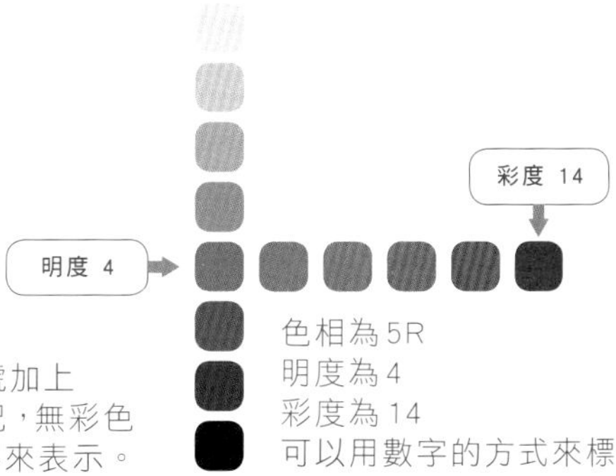

色相為5R
明度為4
彩度為14
可以用數字的方式來標示。

有彩色會以記號加上三個數字來標記，無彩色則是N加上數字來表示。

POINT 阿爾伯特・孟塞爾

為美國藝術家，也是畫家。時常思索著想以合理的方式來表現曖昧且容易遭到誤解的顏色，於是在1905年發表了以數理方式呈現顏色的系統。過世後，美國光學會將孟塞爾顏色系統加以修正，受到廣泛地使用。

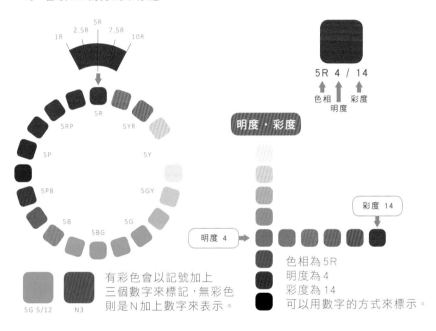

顏色的視覺效應❶

面積效應／補色

◉面積效應

當條件變化時，看顏色的方式也會有所改變，而讓許多人驚訝的是，大小不同也會讓印象產生變化。**人在看顏色時，有著面積越大，會感覺明度以及彩度越高**的傾向，加深明亮又鮮豔的感受，事先知道這個效果就有助於挑選窗簾跟壁紙。

◉心理補色及物理補色

顏色會受到周圍其他顏色的影響，有時候甚至會因此看起來不太一樣。看了某個顏色之後，再看其他顏色會產生不可思議的現象，第一百二十七頁中介紹的補色後像就是其中一個例子，補色後像中所看到的顏色，稱為「**心理補色**」，左頁中有幾個範例，請讀者們試看看。

心理補色是需要小心應用的，有個例子是某間肉鋪將店內牆壁的顏色改成米黃色，當看了這個顏色之後，就會出現藍紫色的殘像，此時再看向肉品的話，殘像就會讓肉看起來不太新鮮，最終導致營業額下降的後果。

也可以不利用殘像，而是直接使用互補色來讓商品看起來更吸引人。比如說紅色的鮪魚生魚片與綠色的紫蘇，就是補色關係的組合。透過紫蘇綠色的補色效果，讓紅色的鮪魚看起來鮮度更高、更美味。孟塞爾顏色系統中，色相環正對面的顏色為補色關係，也稱為「**物理補色**」。

因條件不同而變化的樣貌

面積效應

當面積變大時，會感覺看起來更明亮、鮮豔的傾向。

補色

心理補色

認真看左側的圖約20秒左右後，把視線移往右邊，會發現有顏色浮現。

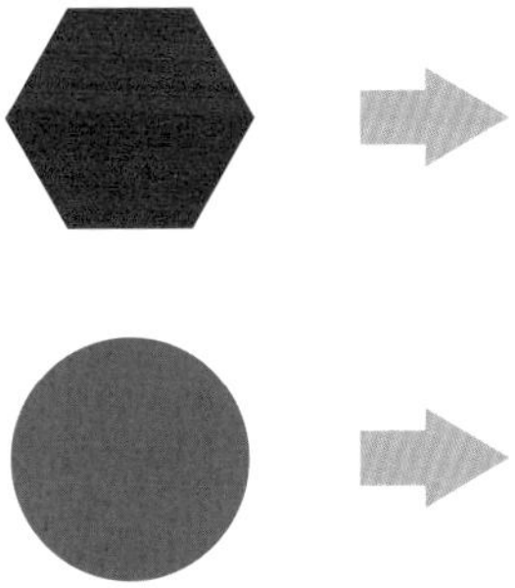

物理補色

混合後會變成中和色，一般而言，指的是色相環正對面顏色的組合（根據顏色系統會有所不同），互相有著襯托的效果。

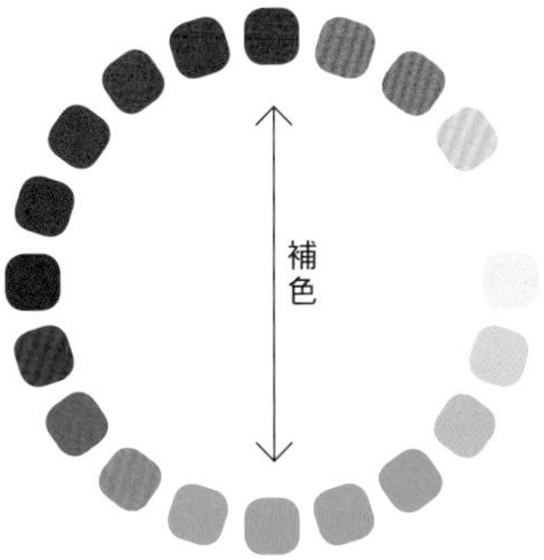

顏色的視覺效應②

對比效應（同時對比）

◎對比效應（同時對比）

因為受到相鄰或是背景顏色的影響，當同時看到複數的顏色時，顏色會看起來不一樣，這就是「同時對比」。一般來說「對比」指的就是「同時對比」。

以下的對比經常同時出現。

・色相對比

強調和周圍的顏色或是鄰接顏色色相不同之處的對比現象，使顏色相互看起來往色調相反的色相（色相環上）偏離。當把兩個顏色並置在一起時，兩者的色相都會看起來往反方向（相反方向）偏離。此時，面積較少的顏色在視覺上會看起來偏離原本的色相。

・明度對比

強調周圍的顏色或是鄰接顏色明度的不同之處的對比現象。使顏色互相變成相反的明度（如果搭配的顏色是亮色的話，就會變深）。當兩個顏色並排在一起時，兩者的明度都會看起來往反方向（反方向的亮度）偏離。此時面積較少的一方看起來會偏離原本的明度。

・彩度對比

強調周圍的顏色或是鄰接顏色彩度的不同之處的對比現象。使顏色相互變成相反的彩度（如果搭配的顏色比較濁的話，就會看起來更鮮艷）。當兩個顏色並排在一起時，兩者的彩度看起來都會往反方向偏離原本的彩度（相反的鮮豔度）。此時面積較少的一方看起來會更偏離原本的彩度。

因為對比而改變的樣貌①

色相對比

黃橘色（色相環上灰色箭頭指的顏色）會受到背景顏色的影響，在紅色背景時會偏向黃色，在黃色背景時看起來會偏向紅色。

明度對比

矩形中心的灰色會因為背景的影響看起來像是不同明度。N5（灰色箭頭所指的顏色）會受到背景顏色的影響，在黑色背景時看起來會更淺，在淺灰色背景時看起來會更深（低明度）。

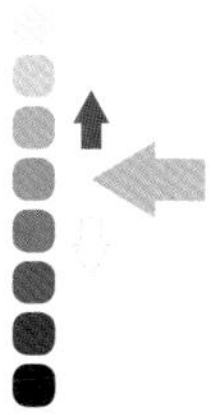

彩度對比

矩形中間的咖啡色會因為背景的影響，看起來會像是不同彩度。咖啡色（灰色箭頭所指的顏色）會受到背景顏色的影響，在焦茶色背景中會看起來更鮮艷，在紅色背景中則會看起來暗沉。

顏色的視覺效應③

◎對比效應（邊緣對比）

在顏色與顏色相接部分上出現的對比效應稱為邊緣對比，**這個效果會強調相接的部分，使視覺看見原本沒有的東西**。

・雪佛勒錯覺（Chevreul illusion）

把明度相似的四個無彩色的四個角並排在一起之後，淡色的部分跟深色的部分會擴散到連接處。這是一種若鄰接的部分比原本顏色的明度還要高的話，該部分會看起來降低明度；比原本顏色的明度還要低的部分會看起來提高明度的現象。

・赫曼方格錯覺（Hermann Grid illusion）

把黑色的正方形並排在一起時，在白色部分形成的十字交會處，會看見黑色的影子。

對比效應（邊緣對比）

這是因為白色的部分與黑色連接在一起而被特別強調出來，但是因為交叉的中央部分不容受到對比效應的影響，因此看起來會變黑。

・耶蘭史坦錯覺（Ehrenstein illusion）

畫出橫向與縱向交錯的線，並把交叉的部分去除掉之後，會在空白處看到很像是白色框線的東西。

・霓虹現象（Neon Color Spreading effect）

畫出橫向與縱向交錯的線，在交叉的部分畫上淡色的線之後，會在交叉處看到模糊的淺色圓形擴散開來的樣子。

・利普曼效應（Liebmann effect）

把在明度上幾乎沒有差異的有彩色以格狀排列在一起後，會覺得刺眼且變得無法分辨顏色之間的界線，是一個在設計時事先知道就很方便的效果。

因為對比所產生變化的樣貌②

雪佛勒錯覺

在相接連的部分上可以看到明度的變化。

耶蘭史坦錯覺

把縱線及橫線交叉的部分塗白之後，去除掉的部分看起來會感覺有白色邊框。

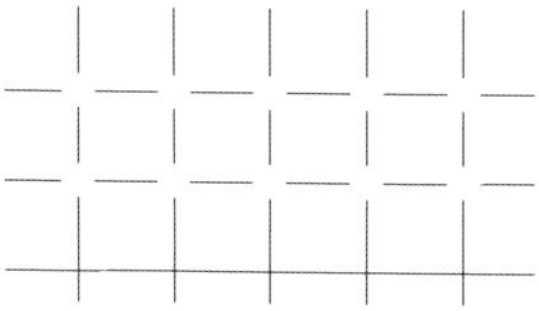

赫曼方格

在白色線交織出來的十字路口上可以看到黑色的影子。

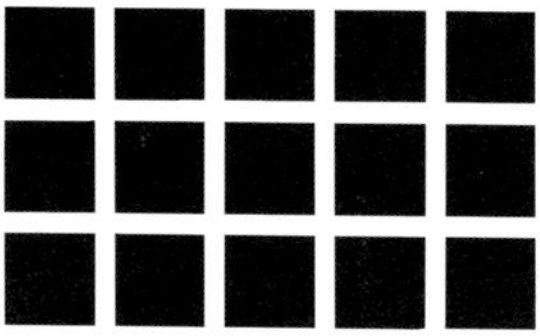

利普曼效應

把明度上沒有差異的顏色組合在一起時，會無法分辨顏色與顏色之間的界線，而且會覺得刺眼。

霓虹現象

把縱線以及橫線交叉的部分上色後，在其周圍無色的部分也會看起來像是有淡淡的顏色。

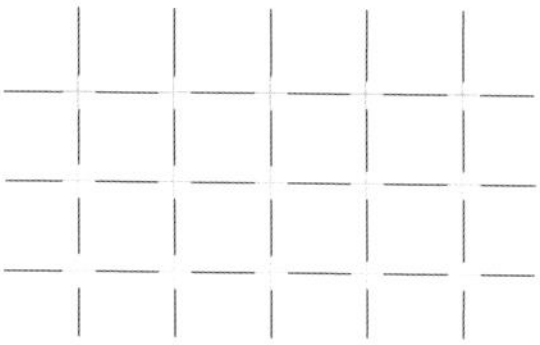

顏色的視覺效應④

同化效應

◎同化效應

和對比效應相反，**把相鄰、接觸的顏色變成相近顏色的現象就稱為「同化」**。顏色的寬度較粗時，容易出現對比，較細的就會容易出現同化。

・色相同化

在顏色上面畫出細線之後，背景顏色會受到線的顏色影響，其色相看起來會與線條顏色的色相同化。

・明度同化

在顏色上面畫出細線之後，背景顏色會受到線條顏色影響，其明度看起來會跟線條顏色的明度同化。

・彩度同化

在顏色上面畫出細線之後，背景顏色會受到線條顏色影響，其彩度看起來會跟線條顏色的彩度同化。

色相同化

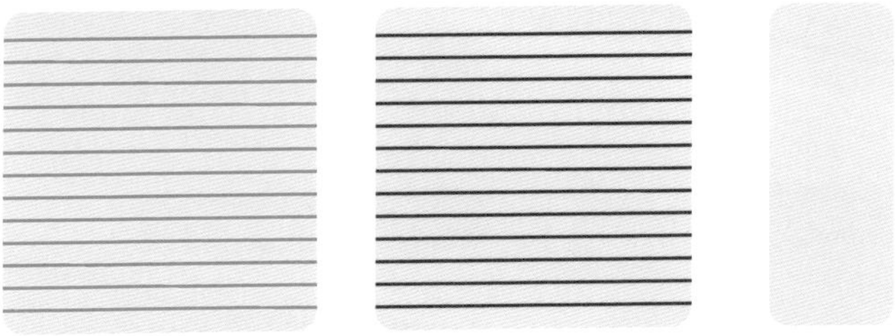

在黃色的背景上畫出紅色及綠色的線。黃色會因為綠線以及紅線帶來的同化現象，色相感覺起來會變成接近線條顏色的色相。

裝蔬菜跟水果的網子就是瞄準這個同化效應，要讓消費者覺得這些蔬菜水果特別新鮮。

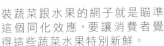

因為同化效應
而產生變化的樣貌

明度同化

在灰色背景上畫上白色及黑色的細線。灰色的背景會因為白色及黑色的同化現象，使得背景的明度看起來會向線條的明度靠近。

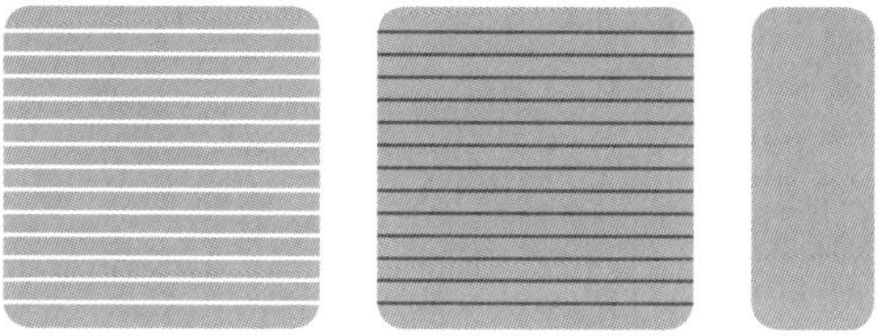

彩度同化

在紫色的背景上畫出彩度不一樣的細線。紫色的背景會因為同化現象，使得彩度看起來接近線條的彩度。

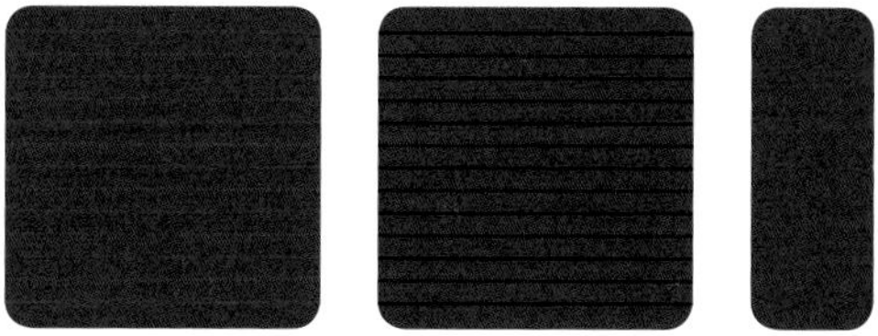

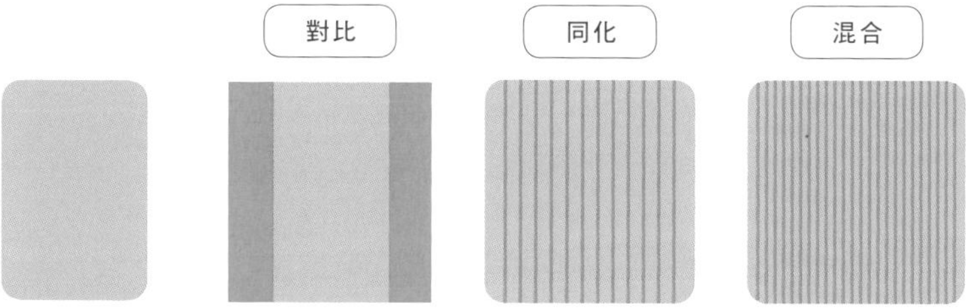

當線的寬度變大時就會產生對比；當把間隔縮小時就會產生同化。根據筆者的研究，當圖樣的間隔超過10mm時就會容易出現對比，間隔在3～4mm以下時容易出現同化。當幅度更為狹窄，從遠一點的地方看時，顏色會看起來像是混在一起。

顏色的視覺效應 5

視認性／誘目性

◉視認性

在顏色的效果中，視認性是最普遍被使用到的詞彙，指的是從遠方辨識顏色的容易程度，也就是看板及標誌是否容易看見、是否容易辨識的程度。

對於提升視認性上，重要的是對象的顏色和背景顏色之間的明度差異。明度相差越大，視認性就越高。兒童用雨衣上常見的黃色在陰天（明度低的陰暗狀態）時，就會發揮其視認性。為了要讓平交道的柵欄在各種天氣下都容易看見，所以才會塗裝成黑黃交接的圖樣。與其使用讓人感覺到危險的紅色，使用視認性高的黑色以及黃色才更能發揮其機能。

◉誘目性

誘目性指的是使人快速發現對象之間差異的顏色，簡單地說就是顯眼程度。必須要在瞬間將訊息傳遞給對方時，或是在標示危險及非常用的標誌時，就會使用高誘目性的顏色。和無彩色相比，有彩色的誘目性較高，其中又以暖色比冷色高，高彩度比低彩度高。以色調來說，也可以說鮮豔的紅色是誘目性高的顏色。常見的禁止、停止的交通標誌以及滅火器的標示等就都是鮮豔的紅色。

視認性指的是在找東西時，從遠處就能看見，誘目性則是沒有特別在找什麼，卻會映入眼簾的東西。

顯眼的顏色

視認性

從遠方就能看到由黑黃色組合而成的平交道。

黃色的雨衣在陰天時，就會發揮其高視認性。

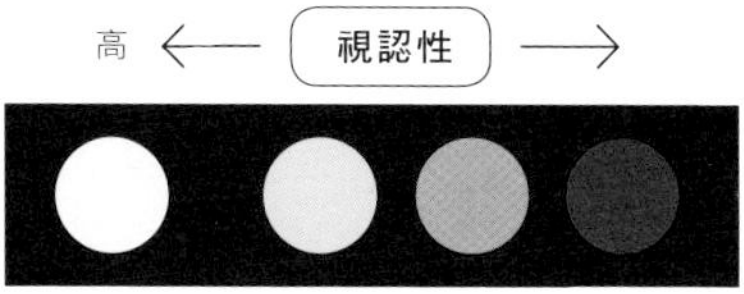

比較在黑色背景上視認性高的顏色，其中黃色是最高的。

在日本國土交通省所舉辦之關於視認性的實驗中，發現白底黑字的視認性最高。這也告訴我們，關於背景顏色的認知有著非常大的個人差距。

誘目性

告知停止、禁止、危險等標誌都是使用誘目性高的紅色。

因為用於滅火器的紅色誘目性相當高，因此很容易快速找到。

顏色的視覺效應 6

辨識性／可讀性／明視性

◉ 辨識性

根據顏色的組合搭配，會有著容易及不容易看到的顏色。**顏色的辨識性指的是在眾多顏色中容易區分顏色的程度，以及容易找出該色差異的程度**。

身邊經常會看到的電車路線圖就是很好的範例。在大都市，複數的路線延伸之後都會互相重疊，重疊也無妨，但必須要設定成容易理解的顏色。在顏色的選擇上是有規範的，根據國際照明委員會（CIE）所推薦，在辨識性好的顏色組合中，如果是五種顏色的話，就會是紅色、綠色、黃色、藍色以及白色。

辨識性也常活用於通用設計上。另外，歐元的紙幣如十歐元、二十歐元、五十歐元以及一百歐元，因為都是類似大小的紙幣，為了方便辨識以及考慮到不要連續使用暖色或冷色，而使用了紅、藍、橘以及綠色等顏色。

◉ 可讀性以及明視性

「可讀性」指的是在認知的意義上，文字上色後是否有助於閱讀。雖然說我們習慣閱讀白底黑字，但主要是因為白色與黑色之間的明度差異使得文字容易閱讀。

「明視性」是一個平時不太常聽到的詞彙，指的是物品的形狀以及細節是否容易辨識。視認性以及誘目性是以找到東西為基準，和這兩種性質相比，明視性的基準是找到之後是否容易理解。

容易區分的顏色

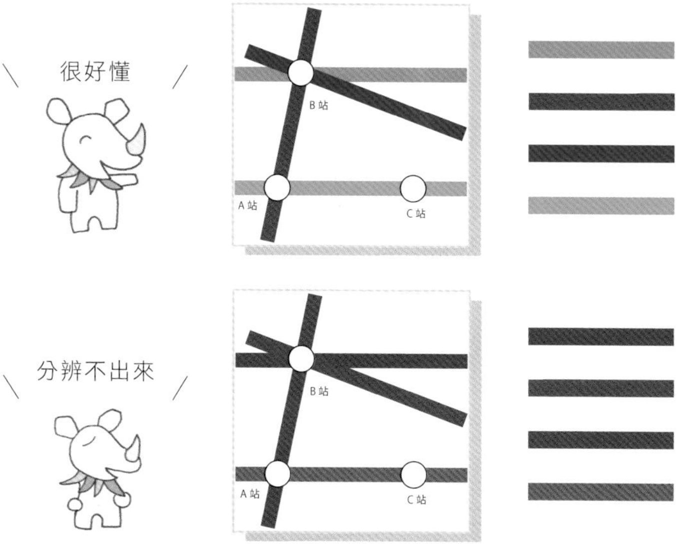

顏色中有容易區分及不易區分的顏色。為了要提高辨識性，就會盡可能使用色相上互相遠離的顏色。

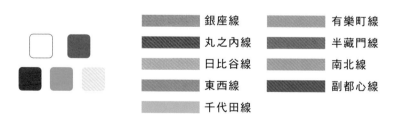

CIE推薦，辨識性高的五種光源色。

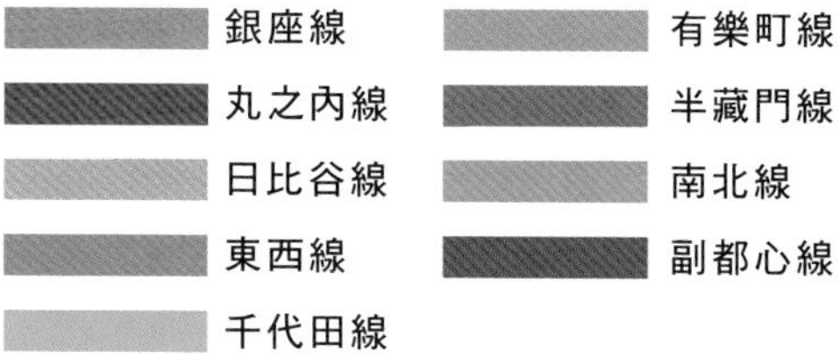

東京的地鐵（Tokyo Metro）所使用的顏色

顏色的視覺效應⑦

色溫度／演色性

◉顏色與溫度的關係

對於學習顏色的人來說，最容易搞混的就是顏色與溫度間的關係，在此篇會盡可能淺顯易懂地說明。我們在看到紅色、橘色以及黃色時會感覺它們是溫暖的顏色（暖色），看到藍色及藍紫色時會覺得它們是寒冷的顏色（冷色），**這是心理上的感覺，跟物理上是不一樣的**。

物理上的顏色溫度是使用克耳文（Ｋ）這個單位來表示的。我們所使用的0度，換算成克耳文的話是２７３．１５Ｋ。這一個不可思議的概念是假設加熱假想的「黑色物體」時，該物體顏色的轉變狀況所製造出來的。假設這個黑色物體是石炭，想像接下來就是要加熱它。在大約１５００Ｋ時會變成橘色，再繼續加熱到３２００Ｋ之後就會變成黃色，約５８００Ｋ就會變成白色，再繼續加熱下去就會變成藍白色，這就是物理上顏色與溫度的關係。

◉演色性

物品的顏色也會因為照明而產生不同的樣貌，這稱為**「演色性」**。在太陽光照射下看到的顏色，跟在室內的燈光下看到的顏色不一樣。室內燈光的色溫低時，就會覺得這顏色是帶有溫暖感覺的顏色，而色溫高時就會讓人感覺涼爽。燈泡的色溫約為３０００Ｋ，看起來就像是一股溫暖又柔和的暖色系顏色加進來的感覺。晝白色的色溫約為５０００Ｋ，會出現類似自然太陽光的顏色。晝光色的色溫約為６５００Ｋ，是一種帶有藍色的亮色。

顏色與溫度的關係

色溫　色溫指的是用數值（K）來標示光的顏色變化

橘色	黃色	白色	藍白色	藍色

燭光	日出後一小時	中午的太陽光	有雲的天空	晴天的天空
2000K	3500K	5300K	7000K	12000K

（色溫的數值為約略值）

演色性

晝白色：色溫約5000K。
自然的白色。

燈泡色：色溫約3000K。
給人感覺溫暖的顏色。

晝光色：色溫約6500K。
給人清爽感覺，帶有藍色的白色。

顏色的視覺效應⑧ 恆常性

大小的恆常性

當所見之物體與人之間的距離產生變化時，視覺上看起來的大小（在視網膜上的成像）也會有所改變。但是，人會自動修正視覺並推算大小。比如說，當照片裡面有車子跟人物時，因為我們知道實際上的大小，因而會以某個物品為基準來推測其他物品的大小。和看見物品時與該物品間的距離無關，看起來會維持著固定的大小，這就是大小的恆常性。

請看左頁中的左側照片。照片中前方的色彩犀牛和後方的色彩犀牛，在這樣擺放下會覺得很自然，但當把這兩隻犀牛擺成像是右側照片那樣時，就會發現兩者有著相當程度的大小差距。這是因為看到照片的背景而感覺到背景所延伸的深度，修正照映在視網膜中位於深處的色彩犀牛，使得成像看起來是被擴大的樣子。

顏色的恆常性

顏色也有著恆常性。比如說，在室內燈光下看香蕉和在夕陽照射下看香蕉，這兩種情況會使得從物體進到眼睛的光在波長上出現很大的差異。在夕陽下看到的香蕉應該會帶有相當多的紅色，但是，人不會認知到香蕉的顏色已經產生大幅度的變化，而是會覺得那就是黃色。

就像剛剛所提到的，**人會將記憶中的顏色當作是線索，即使照明條件有所改變，也有辦法知道物體原本即有的顏色，**這就是顏色的恆常性。

即使環境改變，看起來仍無太大改變的顏色

大小的恆常性

左側照片中，前後犀牛的大小並不會感覺有任何的詭異之處，但把較深的犀牛與前方犀牛並排在一起後（右側照片），應該有很多人會產生「原來有這麼小嗎？」的感覺，這就是名為大小恆常性的機能。

大小的恆常性是一種非常強力的效果，是一種在繪製風景畫時，必須要知道的現象。

顏色的恆常性

即使因為橘色的光而使得對象物品的顏色產生變化，也能感知到原本的顏色，這就是顏色的恆常性。眾所皆知昆蟲及猴子也都有此機能，不過這個效果的發揮程度則是因人而異。

顏色的視覺效應 9

互相干擾的情報（史楚普效應）

◉情報會進行干涉

人會在不自知的情況下自動（無意識地）使用語言，而當出現干涉此一自動化反應的狀況時，就會產生很有趣的現象。請一起體驗看看這個干涉的感覺。

①首先，請閱讀左頁第一行，上面寫著紅、藍、橘的中文字，應該都能正常讀出來。

②接著，請依照順序回答下方色塊的顏色。藍、綠、橘，這應該也能正常閱讀。

③最後，請閱讀下方有上色的文字，請不要唸出該字的中文唸法，而是說出該文字的顏色名稱。

如何呢？和①②的問題相較起來，③應該有多花一點時間吧。**當同時要處理兩種情報，例如文字的意義以及文字的顏色時，大腦內部的認知就會互相干涉，而讓反應變慢**。

據說，這是因為認知單詞的速度與認知文字顏色的速度不一致所導致的。當要回答文字的顏色時，目光會無意識地停留在單詞上，因此會在瞬間很想唸出原本的文字。

這個效果在心理學上稱為「史楚普效應」。

文字與文字顏色的認知

①請唸出以下文字。

紅　藍　橘　綠　紅　紫　白

②請唸出以下色塊的顏色。

③請唸出以下文字的顏色（並非字的讀音）。

紅　藍　橘　綠　紅　紫　白

再來一題。請回答下列文字代表顏色所對應色塊中的英文字。
並不是文字上的顏色，而是從文字的意思來選擇英文字。

文字的意思 ➡ 對應的色塊 ➡ 選擇英文字

紫 紅 綠 橘

A　D　B　C

答案是B、C、A、D。因為情報互相干涉，感覺腦袋快要打結了。

POINT　活用史楚普效應

在設計時，最好避免複數的意義有所重疊。比如說，在「停止」的標誌上使用代表安全的綠色時，人們對於此標誌的認知就會變慢，所以要格外小心。

顏色的視覺效應⑩

視錐細胞的功用（薄暮現象）

◉夕陽時，顏色的呈現方式會逆轉

日落時，白天看起來很顯眼的紅色會讓人感覺變得暗沉，且會讓人感受到藍色像是浮現出來般地格外明顯。比如說，在夕陽下看藍色的招牌或是看板時，會覺得它們很像是浮在眼前般地清楚。有沒有過這樣的經驗呢？

這是一種由人類的視覺細胞作用所引起的狀況，是**當環境變暗時眼睛就會對藍色物體敏感的現象**。在明亮的白天時，視錐細胞會處於優先地位進行運作；而當夕陽開始西下時，只感受明亮度的視桿細胞就會位於優先地位。由於視錐細胞是感受顏色的細胞，當視錐細胞的機能開始降低時，即使是在白天看起來很亮眼的紅色，也會慢慢地看不清楚，相對地，在白天看起來不如紅色亮眼的藍色就會給人變得明顯的錯覺。

◉浦肯頁效應（Purkinje effect）

發現此效應的人是一位捷克的生理學家浦肯頁，並以他的名字將此現象命名為**浦肯頁效應／薄暮現象**。據說是浦肯頁是在某個晴天下午看到紅色的花時覺得很鮮豔，但日出時同一朵紅花看起來卻顯得很暗沉才注意到的。此時，他推論眼睛會根據時間帶，使用兩種而非一種系統來辨識顏色。

當在照明等級較低的場所時，就會轉移成光譜的藍色，因此也稱為「浦肯頁轉換」。此觀看方式與感受方式因人而異，也有人是比較不容易注意到這個現象。

紅色與藍色外觀給人的感受

當環境變得昏暗時，一般來說都會比較不容易看到顏色，但卻會覺得藍色的東西很醒目，這就是浦肯頁效應。

以結果來看，
會感覺藍色變得醒目。

當變暗時

紅視錐細胞（L視錐細胞）
➡機能低下

藍視錐細胞（S視錐細胞）
➡相對的機能提升

POINT **防止犯罪用的照明設備**

有些地方會裝設防止犯罪用的照明設備，特別針對夜間時人類眼睛的感度特性，使用的燈泡是含有大量短波長光線（藍光）的燈泡。在昏暗的場所時，因為浦肯頁效應，短波長的光線會讓人覺得特別明亮。下次看到防止犯罪用的照明設備時，請注意觀察它的顏色吧。

Column

提升色彩力②

色彩認知能力

認知顏色的能力指的是看到顏色時，能夠掌握色相、明度以及彩度的力量，這只能憑藉著看大量的顏色，累積經驗之後才有辦法做到。

但也不是只要單看各種顏色就好，學習此書中的顏色時，確認數值，好好地把握這些顏色的色相、明度以及彩度的孟塞爾值，建議經常注意顏色的細微處。

對於鍛鍊色彩認知能力來說，如果有一本刊載色名的辭典在身邊就會很方便。雖然每一本辭典中刊載的顏色都會有所不同，但請不要以單點的方式來理解顏色，改用範圍來掌握顏色吧。

連同類似顏色一起，以體系的大範圍（例如某色加入某色就會變成某色的近似色等等）來理解顏色吧。

提升色彩力 小測驗

Q1：明度最高的顏色是？

Q2：這個顏色  的補色近似色是？

Q3：放進「？」的顏色是？

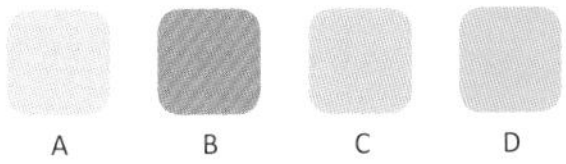

答案：Q1:A　Q2:C　Q3:D

第3章

顏色與文化

我是負責第三章的紫色神。在本章中，會帶你了解顏色在日本文化中所擔任的角色。後半部則會把視野放大到全世界，一起思考顏色與文化的連結性。負責藝術的我會奉上顏色與文化的深度知識喔！

世界的色彩文化

世界各地對於顏色的喜好各有不同

◉ 日本人喜好的顏色

對於顏色的想像會根據場合而有所不同，理由各異，會從第１７４頁開始介紹。

在筆者所進行的針對顏色喜好的調查中，不分性別的第一名為藍色，第二名為綠色，粉紅色、白色以及紅色並列第三名。

最近則是紫色擁有逐漸高漲的人氣，可以推測很多人是被紫色的不穩定及雙面性格的意象所吸引。雖然**藍色有著與調查年分無關的強大人氣**，但是顏色的喜好是會隨著時代產生變化，而非一成不變的。

◉ 世界各地喜好的顏色因國而異

在韓國，最受喜愛的顏色是藍色、白色以及紅色，不過根據最近的調查，黑色服飾的人氣似乎也正在高漲中。服裝的喜好顏色並不會完全和顏色的偏好一致，但會有一定的關聯性，由此推測的話，也許是對景氣感到不安或是有著防禦心態的關係。

在中國，大眾喜好的則是藍色、綠色以及紅色。

美國、英國及澳洲則一直以來都是紅色及藍色最受歡迎。荷蘭是橘色，德國是藍色、黃色及紅色。

因為調查會根據收集資料方式的不同而產生差異，故此調查結果也不能代表一切。

受到喜愛的顏色

日本人顏色的喜好

PawPaw Poroduction 調查
（2007年／4,736人）

男性

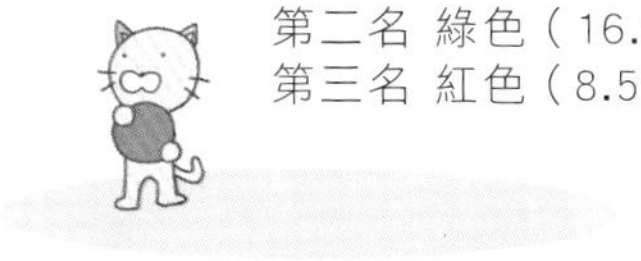

第一名 藍色（30.0%）
第二名 綠色（16.0%）
第三名 紅色（8.5%）

女性

第一名 粉紅（18.2%）
第二名 藍色（16.0%）
第三名 白色（10.3%）

從2000年左右的調查來看，可以發現綠色的高人氣，推測當時是一個追求「療癒」的年代。近年來（2010年～2020年），紫色的人氣正在逐步上升中（特別是女性）。透過社群軟體發出的調查中，針對「喜歡紫色嗎？」的提問，有高達79%的人回答「喜歡」。

男女之間不同的藍色色相

PawPaw Poroduction 調查
（2019年/100,486人）

從調查中我們得知，在眾多藍色中，男性有著偏好像是青色那樣明亮的藍色傾向；女性則喜歡帶有一點紫色的藍色。

世界中受喜愛的顏色第一名～第三名

出處:《圖解 世界的色彩情感辭典》（暫譯）
千千岩英彰 著

韓國

荷蘭

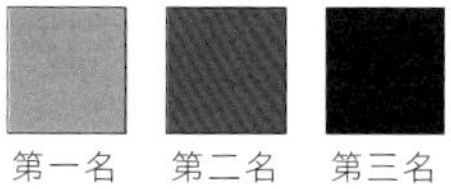

美國

德國

顏色喜好不同的理由①

為什麼每個國家喜好不同呢？

那麼，為什麼每個國家喜好的顏色會分歧呢？接著就從幾個理由來統整看看吧。

① 宗教、歷史背景不同

在宗教影響力強的國家，宗教會成為強烈影響的背景因素。比如，黃色在中國及馬來西亞就是屬於皇家的顏色，因此和其他國家相比，就會比較受到偏好。相反來說，基督教信眾占多數的國家，就會因為猶大的衣服是黃色所以討厭黃色，甚至有些國家會把黃色當作是代表死亡的顏色，避免接觸。

② 太陽光的差異

看見顏色的方式也不是全世界共通的，**根據地區（緯度）不同，看起來很美跟不美的顏色也會有所差異**。太陽光在靠近赤道的地方帶有紅色，會讓色彩鮮豔的暖色看起來更鮮艷，彩度高的顏色也會看起來更美，因而受到喜好。

另外，遠離赤道的地方，太陽光則是帶有藍色或是紫色，如俄羅斯及瑞典就會因為環境中寒色系的顏色看起來很美，而偏好這些顏色。

③ 個性的差異

在鮮豔的顏色看起來很美麗的地區，就會喜歡鮮豔的顏色，**同時在個性的形塑上也會有著偏樂天且開朗的性格**。以結果來論，會更加追求鮮豔的顏色。

顏色喜好有所差異的原因是？

① 宗教、歷史背景不同

有些國家把黃色當作是皇家的顏色，因而受到喜好。

在基督教中，黃色是代表背叛的顏色。

② 太陽光的差異

太陽光在靠近赤道的地方會帶有紅色。

遠離赤道後，太陽光會帶有藍色。

在夏威夷買的鮮豔土產在當地看起來真的很鮮豔，帶回家之後反而覺得好像沒這麼鮮豔了。這可能不只是因為當下情緒高漲的影響，也有可能是因為太陽光的差異……。

③ 個性的差異

鮮豔的暖色看起來很美麗。

形塑成樂天的性格

追求更鮮豔的暖色。

顏色喜好不同的理由②

為什麼每個國家喜好不同呢？

④ 天空透明度的差異

空氣中的灰塵以及水分的含量也會影響看見顏色的方式。在乾燥的地方，因為空氣中沒有障礙物，因此光線可以直接傳達到地面；但在濕度高的地方，光線就會看起來有點混濁。

歐洲有些國家會因為季節不是陰天就是雨天，在那些地方的人們就會習慣低彩度的顏色，而擁有會喜歡大自然及低彩度顏色的傾向（反過來說，也有一定程度的人會想要抗拒這種狀況，而喜歡明亮的顏色）。

⑤ 空間背景顏色的差異

空間背景的顏色也會對看見顏色的方式產生

重要影響。在希臘地中海地區，澄清藍色與白色對比的街道上所看到的顏色，與義大利維洛納的紅磚瓦街道上所看到的顏色給人感受就會不同。日本京都被竹林包圍的地方看到並感受到的顏色，就會和在東京所看到的顏色不一樣，當然，顏色的喜好也會有所差異。

從剛剛提到的那些複數理由中就可以知道，人對顏色的喜好是可以創造出來的，喜好也因人而異，十個人就會有十種不同的喜好，無法以國家為單位來代表。

但是，以顏色喜好的構成來說，這還是很重要的因素，**了解文化背景對於學習色彩心理來說，非常有幫助**。在本章中，會把重點放在顏色的文化上，包含以心理層面的方式，考察並介紹日本以及世界的色彩文化。

顏色喜好有所差異的原因是？②

④ 天空透明度的差異

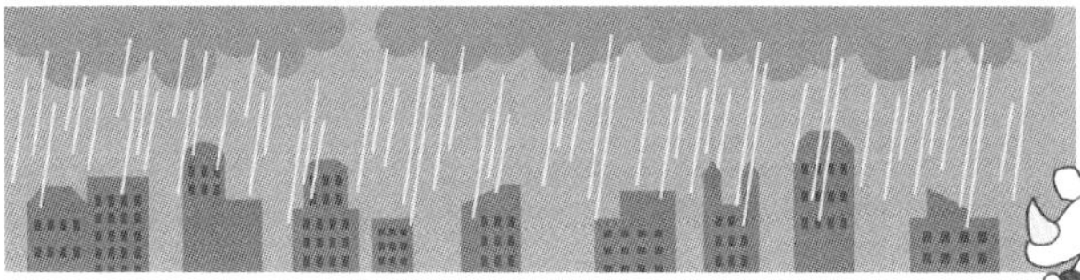

經常陰天或是多雨的地方，低彩度的顏色會較受到喜愛。

⑤ 空間背景顏色的差異

受到大自然以及街道風景的影響後，形成對顏色的喜好。

＼ 這些也會介紹喔！／

顏色與文化的關係

日本文化與顏色（P.178～P.197）

- 傳統顏色與祕密
- 禁止使用的顏色
- 追求美白的心理
- 「鋼琴的顏色」有哪些？
- 求職套裝顏色低調的理由
- 動畫角色與色彩心理
- 紅白為什麼要對抗？
- 色名與顏色的關係……等等

世界文化與顏色（P.198～P.207）

- 世界各地不同的「太陽顏色」
- 彩虹的顏色數目與文化
- 黑貓的災難
- 世界的顏色……等等

傳統顏色與祕密

傳統顏色與日本人的性格

◎傳統顏色的特徵

放眼全世界就會發現製造顏色的材料，很多都是來自於打碎石頭或是礦物所形成的「顏料」。不過在日本，製造顏色的素材來自植物，也就是以「染料」為中心。

在日本飛鳥／奈良時代、平安時代，從中國傳來的那些色彩鮮豔的物品，只有一小部分的人才能欣賞。到了室町時代，名為「侘寂」的染色濃淡文化誕生，**日本傳統色的中間色化不斷推進**。

在江戶時代，幕府發布了禁奢令，打壓庶民的生活，甚至影響到了和服的顏色、花紋及素材。當時，允許使用的顏色是「咖啡色」、「鼠色」（灰色）以及「納戶色」（紺色）。

但是，會乖乖遵守規範的人就不是江戶之子了，他們因此開始在被允許使用的顏色範圍內下功夫，享受微妙的色彩差異，整個社會洋溢著中間色調。

◎中間色與日本人的個性

因為這樣的歷史背景，**日本人非常地喜歡中間色**。從顏色與性格的關係來看，和純色那種彩度高的顏色（如紅色及橘色）相比，日本人有著比較喜歡像是粉紅色及水色此類相對屬於中間色的傾向。這也與日本人不喜歡直白、而喜歡曖昧不明的個性一致，另外，也可以說日本人的個性因受到中間色的影響，而更容易傾向喜好中間色。

傳統色的重點

染料與顏料的差異

染料
顏料

染料會溶於溶劑中，從表面滲入。

顏料不會溶於溶劑，而是附著在表面上。

之所以顏料中會使用「顏」字，是因為公元前的人類在使用咒術或是占卜時會把這些東西塗在臉上的緣故。

※溶劑指的是用於溶解的液體。

海老茶色
此咖啡色的命名來自伊勢龍蝦。

C0 M60 Y50 K60
R128 G67 B53
8R 3/5

團十郎茶
歌舞伎演員市川團十郎使用過的江戶的流行色。

C30 M80 Y75 K15
R168 G72 B57
10R 4/10

利休茶
據說是茶道宗師千利休喜歡的茶色。

C14 M22 Y62 K50
R139 G124 B68
5Y 6/8

璃寬茶
命名來自於歌舞伎演員璃寬的流行色。

C60 M57 Y100 K30
R100 G88 B32
10Y 4/4

銀鼠
明亮的鼠色（灰色），又稱錫色。

C0 M0 Y0 K43
R173 G174 B174
N6.5

梅鼠
把梅當作帶有紅色的形容詞來使用。

C17 M35 Y26 K40
R152 G126 B124
5R 5/3

原來也有以
歌舞伎演員命名的
江戶流行色啊！

POINT 四十八茶百鼠

指的是日本江戶時代因受到幕府禁奢令的影響，庶民開始鑽研色彩之後所產生出來的顏色種類。並不是字義上所示的有四十八種咖啡色以及上百種灰色。之所以日本傳統色會有如海老茶、鶯茶、梅鼠以及銀鼠等，很多「OO茶」以及「OO鼠」的命名就是由此而來的。

不可以使用的顏色

禁色

◉一般人禁用的顏色為？

在日本，天皇、皇太子以及親王等所使用的服飾顏色是有所規範的，一般人不可以將這些顏色用於服裝上，這就是「禁色」。

到了明治時代規範放鬆，扣除掉天皇使用的黃櫨染以及皇太子使用的黃丹色，其他顏色就也都開放使用了。黃櫨染是用於天皇在重要儀式中穿在禮服外面的上衣（外袍）顏色，因此是屬於特別的顏色。在日本令和年的即位禮正殿的儀式中，也能看得到這個禁色。

黃丹色是一種在黃色中混入紅色，稍微有點暗沉的顏色，是一種象徵朝日昇起的黃色。各種禁色中，黃櫨染及黃丹色這兩色是屬於嚴格禁用的顏色，又稱為「絕對禁色」。

其他的禁色還有青白橡色、紅白橡色、深紫色、支子色、深緋色以及深蘇芳色等。

◉禁色對我們產生的影響

有時候禁色對於庶民來說會變成憧憬的顏色，進而對該顏色形成美好的想像。但是，像是黃櫨染、青白橡色、紅白橡色以及黃丹等的禁色，別說憧憬了，庶民連看都沒看過，即使看見了也屬於辨識不了的顏色。

另外，聖德太子所制定的「冠位十二階」中，最上位的紫色也是屬於禁色，因而形塑出紫色高貴又優雅的印象。實際上，要染出紫色需要使用大量的紫草，在以前也是屬於高價的顏色。

禁色以及對禁色的印象

絕對禁色

黃櫨染

天皇在舉行儀式時穿著的外袍顏色。
象徵日光的紅咖啡色。

C27 M68 Y100 K0
R192 G105 B26
6YR 5/10

黃丹

為皇太子袍的顏色，也是絕對禁色。
象徵日出的顏色。

C0 M65 Y70 K0
R237 G120 B72
10R 6/12

冠位十二階

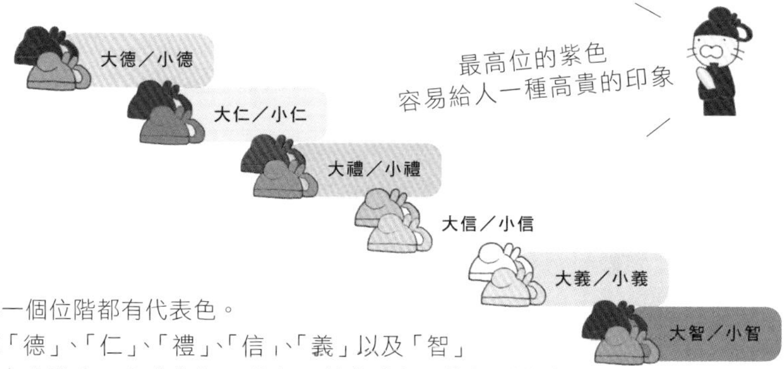

每一個位階都有代表色。
在「德」、「仁」、「禮」、「信」、「義」以及「智」
的各位階中又分成「大」、「小」，其中「大」、「小」的顏色
也有濃淡之分（有各種不同說法）。

POINT 不斷被製造出來的黃丹

把梔子花染濃一點，就會變成類似黃丹的顏色，因此，濃郁的梔子花染色就被明令禁止，但並沒有減少的跡象。因此在天皇頒布的詔書中，全面禁止拿茜草、紅花與梔子花混合進行染色。

追求美白的心理

女性為什麼會追求美白？

白色是女性的憧憬

在日本，「美白」被認為是代表美的重要條件，也是很多女性關心的話題，但其實大部分歐美人都不會特別希望讓皮膚變白。

亞洲人的皮膚當照射到陽光時，較容易變黑，加上一直以來，日本人有著皮膚白的人就是不需要外出工作的刻板印象，認為皮膚白的人是與「上流社會的優雅女性」劃上等號的。

另外，**日本人喜歡白色的優雅、乾淨、無垢、純真等等的象徵性**。也擁有透過白色讓女性看起來更美的文化背景，如結婚典禮穿的白無垢*以及藝伎塗白的妝容等，再加上**白色是象徵年輕**的顏色，這些想法都影響深遠。

紅色是可以讓肌膚看起來更明亮的顏色

並不是單純地塗上白色就會看起來變白。

根據日本某大學攜手化妝品廠商的共同研究指出，據說日本女性的臉雖已能和代表明亮的明度畫上等號，但在臉上再妝點些紅色後，會比黃色的臉看起來更為亮白，不可思議的是，只有肌膚才具有透過紅色讓人感覺明亮的奇妙變化。推測是因為我們有某個特殊的感知機制，只對肌膚產生作用。

*譯註：白無垢指的是全白的和服。

在意肌膚的顏色

亞洲人的肌膚容易產生變化，會變紅後轉黑，對美白的意識格外強烈。在日本，白色肌膚的人＝不需要在外工作的人，給人「上流社會優雅女性」的印象。

對美白
以及透明感等
的詞彙毫無抵抗力

若在臉上加些紅色，就會看起來更明亮。
（人只對肌膚有這種不可思議的感受）

POINT 人類對肌膚的顏色敏感

人對肌膚的認知很敏感，即使是非常細微的顏色差異，也能敏銳地察覺。甚至有研究者認為人的色覺是為了觀察人的肌膚而準備的，據說與為了透過觀察肌膚微妙的顏色變化，來讀取對方的情感有關。

「鋼琴的顏色」是什麼顏色？

日本在地的鋼琴文化

◉為什麼鋼琴的顏色是黑色？

我們普遍都有著鋼琴外觀就是黑色的印象，但據說這是日本獨有的文化。雖然最近在國外黑色鋼琴的銷售量也增加了，然而其實原本一般常見的鋼琴都是木頭色的。

在鋼琴流傳到日本的時候，據說用漆塗成黑色是為了防止濕氣。後來塗成黑色的鋼琴普及到育兒園以及小學，因為在學校經常看到黑色鋼琴，所以我們每每講到鋼琴就必定聯想到黑色。

對一般家庭來說，鋼琴價格不斐，但對於某些願意掏錢購買的家長而言，或許黑色鋼琴更能顯出物有所值的高級感。

◉產生高級感的刻板印象

事實上，除了鋼琴以外，**「黑色有著高級感」的印象也十分深植人心**，大阪的計程車就是個代表性例子，雖然在首都圈的計程車大多色彩繽紛，有紅色、黃色及綠色等，但大阪的計程車幾乎都是黑色。

在東京，計程車是一種作為移動手段來使用的日常工具，然而大阪人則普遍傾向認為搭乘計程車是一種奢侈行為，因此黑色計程車所形塑出來的高級印象就在大阪普及了。

最近在東京都內，黑色計程車也正在慢慢增加，因為預約制司機公司的車就是黑色的，給人一股高級感，就像是高級車的代替品一般，為因應需求而逐漸普及。

黑色與高級感

鋼琴＝黑色為日本獨有的文化

鋼琴一定是「黑色」的這種印象，是日本獨有的想法。鋼琴通常會與高級感連結在一起也是形塑出刻板印象的其中一個因素。

在日本以外的地方，非黑色的鋼琴很常見。

說到高級感，大阪的計程車大多是黑色，而這也是因為高級感常與黑色連結在一起的緣故。大阪人也普遍傾向認為搭乘計程車是奢侈行為。

在東京，計程車除了黑色，還有各種顏色在路上跑。東京人大多認為計程車只是一種移動手段（最近黑色計程車有增加的趨勢）。

POINT 為什麼會覺得黑色有高級感

日本人之所以會覺得黑色有高級感是因：①黑色是一種會讓人覺得變重的顏色，因此給人厚實感的印象，②會給人一種是在高規格場所穿著衣服的印象，③例如黑色汽車等會在高級場所使用的東西，實際上都相當昂貴。這些都是形塑出既定印象的可能因素。

求職套裝很樸素的理由

逃往黑色的心理

◉ 學生的顏色是黑色的嗎？

提到應屆畢業生在求職時穿的求職套裝，一言以蔽之就是樸素。

求職套裝已經變成求職時的制服，沒穿求職套裝的話，**內心會產生「損失規避」，是一種不想收到低評價的心理狀態**。

但是，穿著求職套裝的話，就會很難在面試展現所要求的個性、也難自由發揮。

另一方面，即使面試官表示「雖然是面試，但不指定服裝」，然而大部分人都還是會選擇樸素的套裝吧。

◉ 穿著求職套裝的心理效果

選擇求職套裝的優點有，可以讓對方把面試者與誠實、認真以及知性的印象連結，與白色襯衫搭配，還可以展露清新感，有著可以顯露面試者認真而且具備為公司服務的能力。

另外，黑色也可以讓對方產生俐落、讓面試官對自己抱有勤懇做事的印象。

再者，**黑色還有著能抵抗外來力量**的心理作用，在面試時穿著黑色衣服也能萌生不容易輸給壓力的效果。

求職套裝與個性

求職套裝基本的顏色為黑色、深灰色（碳灰色）以及深紺色。在2000年代的求職活動中，主流顏色為黑色。然而，接下來是展露個性的時代，要不要試著透過顏色來加上一點個性呢？

穿黑色的優點

・求職以外的活動也能穿
・比較保守安全
・看起來很俐落
・從外在保護自己

男性可以試著用領帶表現個性。

・稍微明亮一點的藍色可以展露協調性及正向性
・黃色系可以表現出活力及溝通力
・胭脂紅可以顯示出潛藏的幹勁

穿深灰色的優點

・容易給人優雅的印象
・不會有黑色的強勢感
・容易給人有包容力的感覺

女性若想做點變化的話著實困難，要不要透過色彩心理，試著在妝容上加一點（不要太超過的）紅色呢？容易在面試官心中留下印象喔。

穿著深紺色的優點

・適合大多數人的顏色
・給人誠實的印象
・容易給人爽朗的印象

POINT 損失規避（Loss aversion）

和得利相比，人們都會想避免損失。這是一種迴避損失的特性，稱為「損失規避」。本來是年長者以及女性會有較強的損失規避，但最近年輕人也開始展現出這一面。

動畫角色與色彩心理

識別性與色彩圖像

◉動畫角色中的色彩心理

近年的動畫角色大多是活用色彩心理所設定出來的。**從顏色的角度來看，最重要的是主角以及敵方角色的顏色識別性**（P．160）。因為最近敵我雙方都有著美型化的傾向，為了方便區分，而把顏色當作辨識標誌來使用。

另外為了要讓**複數的角色個性在觀眾心中留下印象，主體顏色扮演著關鍵的作用**。隊長或長男為紅色，負責調停的角色為綠色，酷帥的角色就是藍色等等，事先設定這些顏色之後，外觀的顏色就可以傳達色彩與個性之間的關係，而且還可以補充說明角色的性格。

◉近年受到矚目的紫色

最近，女性角色活躍的動畫，例如魔法少女以及女英雄系列等作品中，一定會有紫色主角出現，通常會用在後來加入的成員、競爭對手或是充滿神祕感的角色上，這應該是與近年在女性中紫色人氣高漲的緣故。喜歡紫色的人變多，所以紫色角色變多，因為紫色角色變多，喜歡紫色的人又變得更多的相互循環有關。

另外，戰隊、英雄作品中想特別提及整個系列中負責擔任隊長的顏色，很多動畫作品的隊長均以紅色為代表色，讓隊長的印象與「紅色」所帶有的「超強行動力」、「正義感比他人多一倍」的這種印象重疊在一起。

角色與主體顏色的範例

如同上述所列，可以從顏色來表現個性，提高識別性，同時容易理解也是很重要的事情。當然，敵我雙方的顏色也可以顛倒過來。

POINT **藍色角色的色彩心理**

在英雄類型的動畫作品中，除了紅色以外，還有一個一定要知曉的顏色，也就是一定會出現的「藍色」。酷帥、頭腦清楚以及力氣大等等，雖然個性設定上會有所不同，但負責擔任輔助「紅色」的「藍色」，也是戰隊英雄作品中不可獲缺的存在。

紅白為什麼會打起來

紅白之間持續對抗的歷史

紅白對抗的理由

在日本的對抗戰中，即使是運動會也會分成紅組與白組來對抗，除夕夜的紅白歌唱大賽也是紅白對抗。

追溯紅白對抗歷史，據說是從**平安時代末期的源平合戰**開始的。平氏舉著紅旗，源氏舉著白旗在戰場中穿梭作戰，從那場戰役之後，我們就開始在分組對抗時分成紅白來對戰了。

根據歷史記錄，據說在江戶時代之前就已經有分成紅白來對抗的競技了，另基於宮內廳的記載，第八代將軍吉宗推薦的競技比賽中，也有記錄著紅與白之間對抗的球類競賽。

複雜效果交織而成的顏色優勢

從色彩心理的觀點曾進行了一場在運動會時，紅組與白組的顏色何者有利的調查。

詢問了幾位有參與２０１９年運動會經驗的中小學生父母之後，雖然很多人認為紅組更有勝算，但其實並未有顯著的差距，此外則有很多家長提出在騎馬打戰競賽時，白組較為有利的說法。

雖然在關於穿著制服的運動賽事勝率上，曾有資料指出紅色是較為有利的（Ｐ．１１０），但當以帽子作為分辨顏色的指標時，**反而追逐紅帽的白組是有利的一方**，顏色的影響的確很複雜呀！

紅與白的戰鬥與勝率

以紅白分組的歷史

據說紅與白之間的戰鬥起源是來自於平安時代的源平合戰，源氏當時使用有紅圈的白色旗幟後來就變成了日本國旗的原型（有很多不同說法）。在描繪當時戰役的繪卷中，可以看到酷似現今日本國旗，在白底畫上紅圓的旗幟。

顏色的利弊

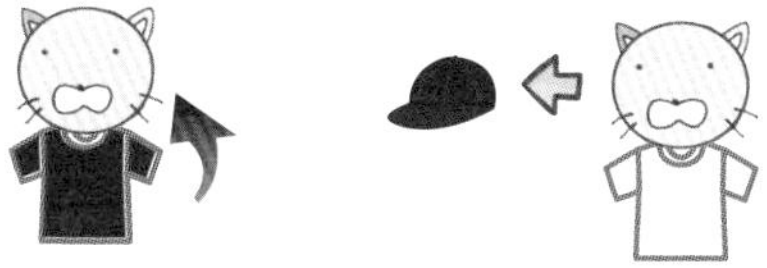

穿著大面積的紅色制服普遍被認為較占優勢，但是，當大家都穿著白色時，看著紅色的那一方反而會較為有利（也請參閱P.110）。

POINT 紅白歌唱大賽的勝率

在源平合戰中，舉白旗的源氏勝利了，而在經歷了800年之後的現代，那一場戰鬥仍以不同的型態在持續著。在每年年末舉行的紅白歌唱大賽中，從統計成績來看，白組可說是獲得壓倒性的勝利，此一現象十分地有趣呢！

色名與顏色的關係

紅色系的顏色數量較多的理由

◉雖然色名的數量各有不同

色名是不是跟色數一樣多呢?把顏色的範圍限制在日本的主要傳統顏色來看，就會發現**紅色系的顏色占多數，與此相比，綠色系就相當地少**。

調查數量之後發現，紅色系的色名是黃色系的1.5倍，是綠色系的2.5倍。

在色彩研究中，以物理層面(數值化)的角度來看綠色時，其範圍相當廣泛，但即使如此，跟紅色的色名數量相比仍偏少。由此便可得知，為什麼日本人會對紅色相當敏感，並且會在各個不同領域活用紅色了。

◉以前，綠色和藍色是同一種顏色

以前的日本人把綠色的蔬菜稱為「青物」，這是因為**早年的日本人是一種無法清楚區分綠色及藍色的民族**。

除了青物之外，也可以從紅綠燈來察覺此一現象，在日本，會把紅綠燈的顏色稱為「青色、黃色、紅色」，但仔細一看就會發現，那不是「青色」，而是「綠色」。1930年，紅綠燈初次登場的時候是稱為綠色的，但一般人以及新聞報導將其稱為「青燈」而不是「綠燈」。據說久而久之，就真的變成了「青燈」。1947年時，在法律中也明文標註為「青燈」，由此開始官方名稱就變成了「青燈」。

色名的不可思議之處

日本的色名以紅色系居多

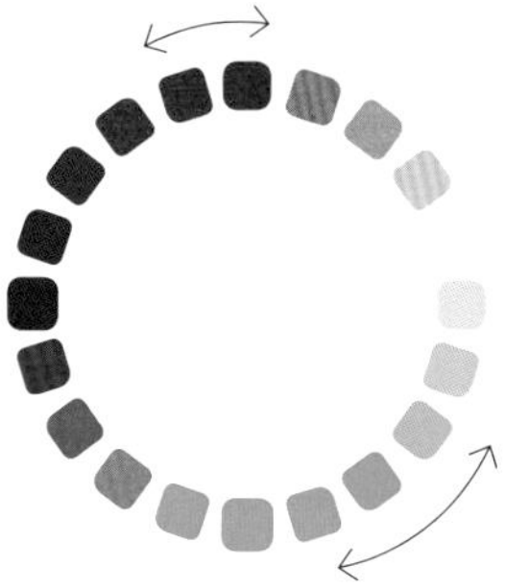

紅色系的範圍狹小，但卻有相當多的色名，比範圍廣泛的綠色系還多。

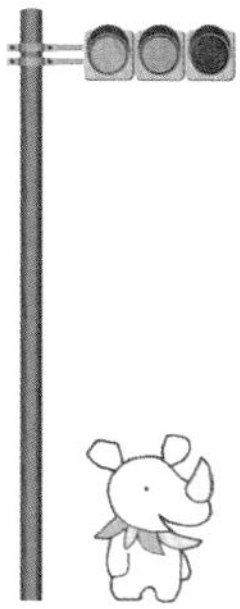

即使是綠色的仍被稱為「青燈」，真的很不可思議。這是因為沒有明確區分色名的關係。

紅色系的傳統顏色

- 淡紅色
- 韓紅花
- 胭脂紅
- 赤紅色
- 銀朱色
- 深緋色
- 海老茶色

POINT 藍色的文化

藍染也是日本的傳統工藝，擁有非常豐富的藍色系色調，如果想探索日本文化，千萬不能錯過藍色（紺色）。例如淡水色一樣的「瓶覗色」，還有「淺藍色」、「淺蔥色」、「納戶色」、「紺色」以及「勝色」，可以看到繽紛的藍色系。

紅色與藍色的心理效果

紅提燈／浦島太郎

紅提燈之所以為紅色的理由

「提燈」原本是用於照明的，不知道何時開始，「紅提燈」就被當成招牌並裝飾在居酒屋的店頭。**紅色是非常醒目的顏色，即使周圍還有其他顏色，也會是最亮眼的**（誘目性，P．158）。

同時，紅色有著活化腸胃蠕動的作用，當看到紅提燈時，就會有促進食慾的效果，此外，它也是促進行動的顏色，是要喝一杯呢？還是要忍住不喝呢？正在煩惱的時候，紅色就有著推人一把的作用。

浦島太郎與色彩心理

日本的童話故事——浦島太郎也暗藏了色彩心理效果。

浦島太郎因為幫助了一隻海龜，而被其邀請前往海中世界。在龍宮城中，浦島太郎接受乙姬的招待，看著真鯛以及比目魚縱情歌舞，就這麼度過了三年光陰。想起家人、朋友的浦島太郎，拿著玉手箱回到了岸邊，在海灘上浦島太郎打開了玉手箱，箱內噴出一陣白煙，浦島太郎變成了老爺爺，之所以變老，是因為在龍宮城度過的那三年，對於地表的人來說是非常長的歲月的緣故。

在深海裡，被藍色海水圍繞的地方，會覺得時間變得短暫（P．82），再加上開心的時候不易察覺時間的流逝。雖然這只是童話故事，但讓人覺得是有科學根據的劇情。

紅色與藍色的心理效果

紅提燈的效果

・醒目（告知所在地）
・肚子餓（刺激食慾）
・輕推一下（促進行動）

紅色有著招攬客人的效果，因此紅提燈更能呈現優秀的色彩心理效應。

藍色海洋中的時間

在藍色的環境中快樂地過了三年，因為顏色的心理效果，其實已經經過了十幾年……？

POINT 龍宮城效果

在藍色的場所中，常感覺時間變得短暫，在這種狀態下，再搭配上「開心時」會覺得時間過得很快的心理作用，就會產生更強烈的效應。為了要更加強調色彩的心理效果，推薦重疊使用。

動物的顏色與吉凶

白色動物／藍色純種馬

◎白色動物為吉祥預兆的理由

白蛇、白虎、白色烏鴉……世界各地多將白色動物當作是吉祥的預兆，根據地區不同，甚至會被奉為神明使者。因為是在自然界中不常見的生物，因此遇見時，總被人當作是一種「祥瑞之兆」。

即使是日本，從大和朝廷時代開始，白色動物就屬於獻給天皇的貢品，而且，在傳承上，白色常與神明有所關聯，而在祭祀中使用，**再加上日本人對「白色」有著特殊看法，這種稀珍價值才讓白色動物神格化了**。

◎真的有藍色的賽馬嗎？

賽馬的毛髮顏色有八種，其中有著稱為「藍毛」的毛色，但是，這並不是在說藍色的毛覆蓋全身的意思。事實上，賽馬中也只有少許機率的馬是全身覆蓋黑毛的，是一種稀有的存在。

據說是因為**曾於某一時代把「黑」馬當作是不吉利且該敬而遠之的動物，因此才用「藍色」來代替**。另外，也因為全黑的馬毛會依據照明不同，有時會看起來反射出藍光的緣故。

「藍毛」一詞最早是從奈良時代開始使用的。

白色動物／藍毛的馬

白色動物很珍奇？

白色動物非常稀少，再加上與白色的神祕意向重疊在一起，有時候會被視為神明使者。

藍毛是什麼顏色？

其他還有「青鹿毛」、「栗毛」、「栃栗毛」以及「白毛」等八種。

・鹿毛
從明亮的咖啡色到深咖啡色。最常見的毛色。

・黑鹿毛
帶有黑色的紅褐色。下腹部以及大腿內側等部位為褐色。

・青毛
全身覆蓋著黑色的毛。非常稀少且數量不多。

・芦毛
年輕時為灰色，接著會慢慢地變白。

曾有某一時代視全身黑的動物為不吉利且該敬而遠之的象徵。

POINT 白化症

因為先天不足或缺乏的黑色素影響，而導致變成白色的動物稱為「白子」。應該有人看過白色的老鼠或是兔子吧，最具特徵的地方是白色的毛髮搭配紅色的眼睛，紅色的眼睛是因為血管的顏色透出來，而呈現紅色。

世界上相異的「太陽色」

描述太陽顏色的差異

太陽的顏色是什麼顏色？

世界各地描述的太陽顏色都有所差異。日本的國旗是以太陽為象徵來設計的，應該有很多日本人將太陽用上面的紅色來表現，但是**在世界各地，反而比較多國家是用黃色或是橘色來表現太陽**。

說到國旗中央有個金色太陽的國家，就會想到阿根廷，該國國旗上面描繪的是印加帝國的太陽神因蒂。

哈薩克的國旗中，也有描繪從海洋升起露出臉的黃色太陽，其他還有像是納米比亞及菲律賓等國家也將黃色的太陽用於國旗上。

像歐洲是以黃色、在美國也多以黃色到橘色來描繪太陽，尼泊爾的國旗則是使用白色來描繪太陽。

日本的太陽之所以為紅色的理由

靠近赤道的國家容易描述太陽為火紅色的，但日本並不靠近赤道，以科學的角度來看，白色才是最接近日本太陽的顏色，**太陽上會有顏色主要是因想像的問題**。

對於國旗的想像可能已經深植於日本人心中，另外古代日本曾認為自己是「日出之國」，可能是因此才會特別意識到日出時的太陽顏色。

從國旗看太陽的顏色

黃色（金色）

阿根廷

吉里巴斯共和國

菲律賓

哈薩克共和國

北馬其頓共和國

盧安達共和國

紅色

日本

白色

尼泊爾

橘色

尼日共和國

POINT 日本人的太陽信仰

日本人自古就是信奉太陽的民族，天照大御神就是將太陽神格化後的神明。從古代開始，國家統一與太陽就有著很深的關係，因此源氏旗幟上的白底紅圓成為統一日本者的象徵，並持續傳承下來，這與太陽是紅色的這件事有很高的相關性。

彩虹顏色數量與文化

從顏色數量來看色名文化

● 世界各地不同的彩虹顏色數量

當問到彩虹有幾種顏色時，應該很多人會回答「七色」，的確，「紅、橙、黃、綠、藍、靛（藍紫）、紫」這七色被視為彩虹的顏色。但**彩虹顏色的數量會因為國家不同而有很大的差距**。

比如說，在美國是「紅、橘、黃、綠、藍、紫」這六種顏色，英國也是六色，在德國是「紅、黃、綠、藍、紫」五種（也有人會說六色），而在台灣一部分地區則是有「紅、咖啡、紫」三種顏色的說法。

不用感到驚訝，因為即使是在日本，沖繩也曾經有將彩虹顏色視為「藍（黑）、紅」兩種顏色的說法。

● 顏色數量之所以不同的理由

之所以世界各地的彩虹顏色數量不同，與**該地區的人們擁有多少色名**之間的關聯很深。根據國家或民族的不同，有時候不會有這麼詳細的色名，基本上也不存在沒有名字的色名，因為會將其與其他顏色認為是同一種顏色。

另外，因為彩虹的顏色是連接在一起的，因此辨識顏色的數量有一定的困難度。以科學觀點來說，彩虹就是光譜，扣除掉紅紫部分之後，裡面應該還有各式各樣的顏色才對。

因此細分的話，別說七色了，裡面應該存在著無數的顏色，只用點的方式來捕捉顏色其實不太正確。講到這裡各位是否可以理解前面提到的，顏色（色名）主要是用於標示範圍的意思了呢？

彩虹的顏色數量無限多

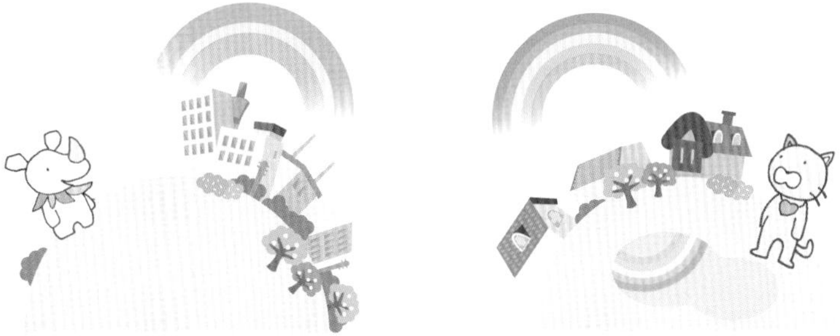

彩虹看起來有幾種顏色，會因為不同的國家及民族而有所不同。在日本，一般來說是以七色來表示，而其他國家有的是六色、五色，也有三色的國家。

彩虹就是光譜。看到彩虹時，因為是無數的顏色連續在一起的關係，所以色名會關聯到該國或是該民族所擁有的色名豐富程度。

POINT 彩虹的神話

中國曾經把彩虹當作是龍，在日本則是把彩虹當作現世與彼世的連接橋樑，認為當彩虹出現時，就代表著神明降世。

黑貓的災難

黑貓不吉利的傳統

被當作是不祥之兆的黑貓

黑貓曾一度被當作是一種不吉祥的象徵。在歐洲曾經有過一段悲傷的歷史：在進行女巫獵殺時，也會一起捕捉黑貓。迷信的群眾相信黑貓也與女巫一樣擁有特殊能力，是一種能感受魔鬼影子的「不吉利生物」。

應該很多人都有聽過「黑貓從前面經過是會有凶兆的預示」這種說法吧，這應該是**黑色的陰暗感容易與不吉利的印象連結在一起的關係**。

被當作是幸運象徵的貓

比起不吉利的象徵，現今有更多的日本人將黑貓視為可愛寵物。在社群媒體上進行的問卷調查中，認為黑貓不吉利的人也僅有7％。同時黑貓也是知名物流公司的代表角色，人氣早已不可同日而語。

另外，說到幸運與貓之間的關聯性，就一定會想到被當作招財進寶幸運物的招財貓，據說有人就是在東京豪德寺的門前看到招財貓，在該處休息之後才幸運避開雷擊（有各種說法）。

招財貓除了白色之外，還有很多顏色，據說招來的運氣也不一樣，黑色是除魔、黃色是金運，藍色則是學業進步等等。根據地區不同能招來的運氣也不同，讀者們也許可以親自體驗看看。

不吉利？幸運？黑貓的存在

黑貓從前面經過就是不吉利，或是把黑貓當作是女巫的使魔。是因為黑色象徵的力量，所以容易把黑貓跟不吉利的徵兆連結在一起？

在社群媒體中進行了「看到黑貓會覺得不吉利還是幸運」的問卷調查之後發現，大多數的人「不認為會因此不吉利」。

（PawPaw Poroduction 調查，2020年，共183人）

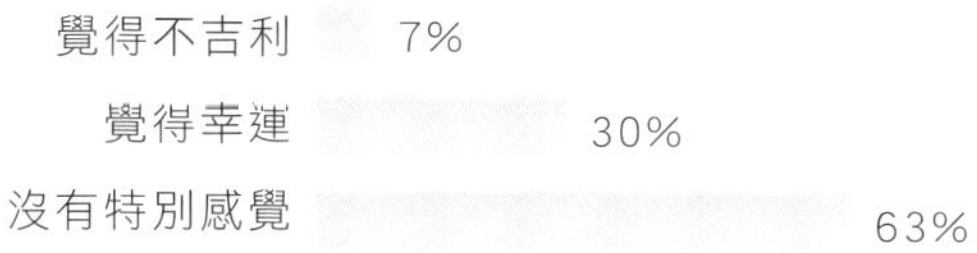

在日本，黑貓備受愛戴，已經成為大眾心中非常好的動物夥伴了。

POINT 黑貓是福貓

也有人將黑貓當作「福貓」，是一種除魔以及幸運的象徵。在英國，黑貓很受重視，很多人相信出海捕魚時黑貓會賜予晴朗天氣，據說很多船員都會向黑貓祈求豐收平安。

世界的顏色 1

信箱的顏色／方向與顏色

世界各地的郵筒顏色

郵筒是紅色的，因此誘目性高，非常引人注目。日本郵筒之所以是紅色的，是因為從英國引入郵局制度的緣故，據說當時在決定郵筒顏色時也曾參考英國的用色。

放眼世界，就會發現並不只有紅色郵筒。美國是藍色，英國是紅色，法國、德國以及西班牙等地則是以黃色為主流，在中國則是深綠色。

方位與顏色

有些國家則會在不同方位塗上顏色。

中國有著一種稱為「五行思想」（五行說）的自然哲學思想，該思想認為萬物是由木、火、土、金、水這五種元素所構成，據說這也是日本陰陽道的起源。

根據此思想，方位各有對應的顏色：東方為藍色，南方為紅色（朱色），中央為黃色，西方為白色，北方則為玄色（黑色）。

在馬雅文明中，則是把自己所居住的中心地帶設定為綠色，東方為紅色，南方為黃色，西方為黑色，北方為白色，這是因為太陽從東方升起，從西方落下，而各以具象徵性的顏色表示。

美國原住民納瓦荷族則認為東方是日出的顏色，以白色代表；西方則以黃色象徵黃昏的顏色，南方為正中午天空的顏色，標為藍色；北方為影子的顏色，所以用黑色來表現。另外，有很多民族認為北方是不毛之地，所以也以黑色來表示。

世界的顏色①

世界各地的郵筒顏色

日本的郵筒大多是紅色，因為紅色很亮眼，可以馬上知道其所在。對於色彩心理來說，紅色信箱也是非常適合的。

方位與顏色

五行說的顏色與方位

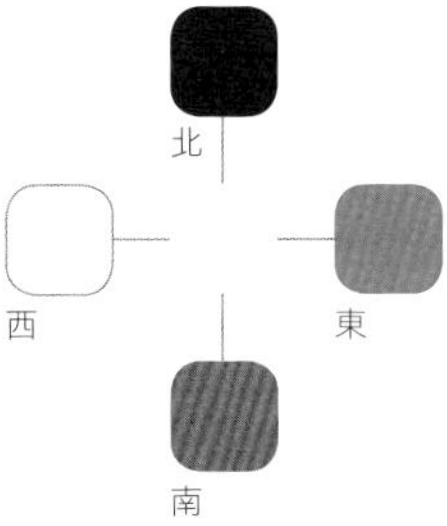

除了方位之外，考慮到四季的變化也是因為五行的推移所引起的，因此也出現五行的顏色與季節組合的詞彙，如青春、朱夏、白秋以及玄武。

納瓦荷族的顏色與方位

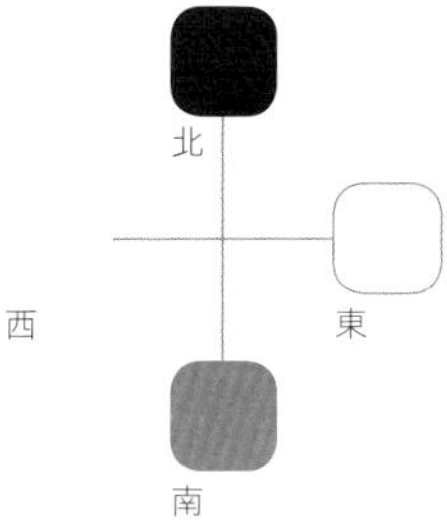

很多民族把北方當作是不毛之地，因此用黑色來代表。

POINT 黑色的信箱

日本在1871年開設郵局制度，當時的郵筒是木製的，黑色細長型的郵箱就這樣登場了。但是，有人看到黑色「郵便箱」上面有個「便」字，就以為那是廁所，也有不少人抱怨晚上不容易看到黑色郵筒。

世界的顏色❷

企業喜好的藍色／神所選擇的顏色

◉企業喜好的顏色是藍色

很多企業喜歡以藍色為代表色，因為藍色會給人一種誠實又穩定的感受，當企業希望獲得客戶的信賴時，就會特別選擇藍色。另外，藍色也會讓人感覺先進，帶給人一種前往未來的意象。

藍色在世界上的很多國家中都受到喜愛，根據國家及地區不同，有些地方不太喜歡黃色或綠色，不過藍色倒是非常例外地不論在哪個國家都不太會有負面意象。如果未來預計要往世界發展的話，藍色就是非常好的選擇。

另外，國外與日本對於商標的想法有所不同，國外是把視認性及識別性設定為優先，而日本則是重視意義，兩者之間有時候就會產生相當大的差距。

◉神所選擇的顏色

《舊約聖經》的〈出埃及記〉中有一個著名的故事：率領以色列人的摩西在西奈山上從神那裡領受了寫有十誡的石板。據說此時摩西也從神諭中接收到了關於祭祀服裝以及供品等的顏色指示。

依照記載，祭祀服飾要使用藍、紫以及緋色（稍微混濁的紅色）的毛料製品，供品則是準備金色、銀色、青銅色、藍色、紫色及緋色的毛料製品、亞麻絲線以及將山羊的毛染紅的材料。**一想到這些顏色是神所選擇的顏色，是否也覺得這些顏色都很特別呢**？

世界的顏色②

企業喜歡的顏色是藍色

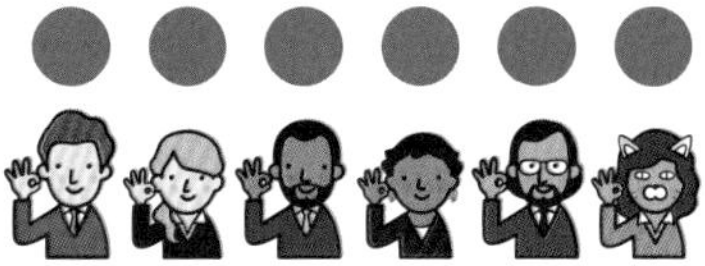

喜歡藍色的企業非常多，這是一種會讓人感覺到誠實、穩定的顏色，而且藍色擁有可以把藍色所有的正面印象用於公司形象的優點。

藍色可以說是唯一一個幾乎世界各地都願意接受的顏色。如果是將來打算進軍世界市場的公司，在企業色彩上使用藍色也許是一個不錯的方向。

神所選擇的顏色

依照《舊約聖經》中記載，神所選擇的顏色是金色、銀色、藍色、青銅、紫色、紅色以及亞麻色。

POINT 在埃及也算稀少的紫色

神所選擇的顏色中，在當時摩西所身處的埃及大多都算是相對容易尋得的顏色，紫色則相反。紫色為埃及附近迦南地方的特產，因為需要使用大量的貝類來染色，因此屬於非常貴重的顏色。

Column

提升色彩力③

色彩分析力

分析色彩的能力指的是在顏色疊加之後會變成什麼顏色？這個顏色是哪些顏色分解之後形成的？是判斷顏色構成因素的能力。

色彩分析力可以透過一邊想著顏色的數值、一邊看顏色來增進。實際動手試試用顏料調出顏色吧。

重要的是，不要用感覺去感受顏色，而是從數學、理論的方式來掌握顏色。提升色彩分析力之後，會有助於分析人的個性。

比如說，可以知道喜歡紅紫色的人，大多會綜合展現出喜歡紅色與紫色的人的個性。

提升色彩力 小測驗

Q1. 以下兩種顏色加起來之後，會變成什麼顏色呢？（減法混色）

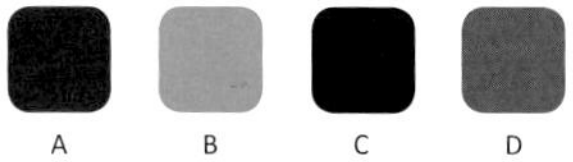

Q2. 這個顏色  分解之後，會是哪兩個顏色呢？（減法混色）

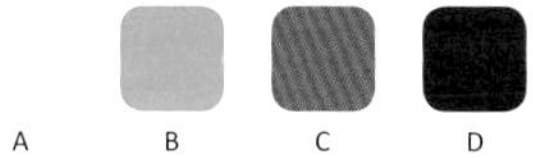

答案：Q1:B　Q2:A與D

第4章

色彩的由來

嗨，我是藍紫色神，請叫我「藍紫醬」吧。此章要講解的是關於顏色的由來，不過，因為是由藍紫醬負責的，所以會用淺顯易懂又輕鬆愉快的方式解說喔。在這個章節中會圍繞著「顏色的起源」來進行，藍紫色從歷史的觀點來看，是一種新的顏色，也誕生了新的顏色神。讓我們一起學習顏色的由來吧！

顏色的由來

顏色的起源與使用方式

◉顏色的起源

在電視上觀賞柔道比賽時，看到身穿藍色柔道服的選手，有沒有人會提出「咦？以前不是都穿著白色柔道服嗎？」的疑惑呢？

這是為了能在電視轉播時方便辨識選手，所以柔道服才從白色變成藍色。

就像剛剛所提到的，我們身邊的**顏色都有著起源**，此章節會深入講解顏色的起始。

除了理所當然的事物之外，也有很多意料之外的真相等著你發掘喔。

◉關於紅色的小故事會較多的理由

比如說「命運的紅線」為什麼會是「紅色」？以及口紅之所以為紅色的原因，都一定會有一個必然的理由。為什麼「紅色的陌生人*」是紅色的理由就很有趣，或是「萬綠叢中一點紅」的「紅」等等會隨著時代變遷而改變意義的事物。

就如同之前提到日本的紅色色名比較多一樣（Ｐ．１９２），跟紅色有關的小故事也特別多。

想要讓大家知道更多顏色的由來，準備了相當豐富的內容，因此會在一頁的篇幅內介紹兩個由來。透過了解顏色的起源，感受色彩的有趣之處並擴展你的色彩知識吧。

＊譯註：此為直譯，原文為「赤の他人」，意思是毫無交集的陌生人。

顏色的起點是？

穿著藍色柔道服的理由

藍色柔道服是怎麼來的呢？

在歐洲選擇藍色柔道服的理由是，在電視上播放時，藍色柔道服比較方便辨識選手。

雖然能方便觀眾辨識選手、提升曝光率來增加付費觀賽的觀眾。但也有一部分日本人認為白色柔道服象徵的是潔淨的心，而反對更改顏色。

日本人重視顏色的象徵意義，但從這個例子可以看出國外則是會理性地選擇更適合的顏色。

顏色的由來

之所以為那個顏色，是必然的

- 命運的紅線為紅色的理由
- 婚紗的白色
- 警車的配色

隨時代改變意義的事物

- 萬綠叢中一點紅的「紅」
- 口紅的紅色
- 聖誕老人的顏色

……等等，有著不同的背景因素。

「命運的紅線」之所以是紅色的理由

紅色是召喚幸福的美妙顏色

◉命運的紅線之典故

有97%的日本人都知道「命中註定相遇的兩人是由紅線連接在一起的」（2002年／PawPaw Poroduction 調查164人）。這個故事是以前中國類書（收集資料的書籍）中的故事之一。

據說一位青年在驛站遇到一名老人，老人告訴青年與他締結連理的「是一位腳踝上綁著與你腳踝所綁紅繩相連的人」。老人又說：「那是驛站一位貧困又其貌不揚的小女孩」青年暴怒後命人殺害那位小女孩，但最終失手，僅在小女孩額頭上留下了傷痕。

數年之後，青年的上司將女兒介紹給青年，兩人結婚後，青年才發現那位女性的額頭上有著當年遇到時留下的傷痕。

這個故事流傳到了日本後，繩子變成了線，而腳踝變成了約定時會用到的小拇指，並將「婚姻」改以「命中註定的人」來表現，且流傳了下來。

◉紅線之所以為「紅色」的理由

在以前的中國，紅色就被當作是會帶來幸福的一種尊貴象徵，不論年節或結婚典禮上皆經常使用「紅色」。

紅色也是表現強度的顏色中最具代表性的顏色之一。**在表現「命運」的力量以及中國的婚禮時，除了「紅色」以外，應該就沒有別的選項了吧。**這是因為即使看不到線，仍舊會認為無形中存在著「堅定命運」的緣故。

命運之線一定是紅色的？

有著「命中註定的人（結婚的人）是用紅線牽在一起的」說法。
明明就看不到，但為什麼會是「紅線」呢？

蕉紅色

中國的商品上經常使用到的紅色。
也會使用類似這種紅色的顏色。

C13 M94 Y100 K0
R211 G44 B24
7.5R 4/12

金紅色

類似中國特有的紅色，帶有一點橘色。
中國傳統的紅色中，這種色系的顏色較多。

C6 M61 Y82 K0
R233 G128 B52
1YR 6/12

在中國，紅色被認為是一種帶來幸福、尊貴的顏色。新娘服大都是紅色，另外也有將紅筷子當作嫁妝的風俗習慣。如果是要表現命運的話，不會選擇「紅色」以外的顏色。

POINT　雙生伴侶（Twin Flame）

從靈性的世界來看，有一個類似命運紅線的故事。傳說世界上會有一個與自己擁有成對的火焰（靈魂）的結婚對象存在。猶太教中也會把紅線當作是除魔道具綁在手腕上，紅色果然就是擁有這種力量的顏色啊！

口紅的真正意義

加上各種意義後的歷史

◉口紅的歷史

口紅的歷史相當古老，從公元前的數萬年前開始，據說人類就已為了避免惡魔從口耳進入，而開始有將口耳塗成紅色的習慣，**將紅色所擁有的強大力量（意象）當作驅邪避魔的道具來使用**。

公元前三千年左右，古埃及所使用的口紅主要是用於咒術上，後來才慢慢開始有裝飾的意義。到16世紀的文藝復興時期，口紅才開始有了裝飾意義。當時藝術界創新出不同的繪畫手法，同時具裝飾性且色彩鮮豔的服裝文化開始廣為流行，口紅的顏色和以前比起來，也變得更加鮮豔。在17世紀時，薔薇色的腮紅及口紅就已經是美麗的象徵了。

◉現代口紅的意義

日本從明治時代（1868～1912）之後，口紅就被當作是一種化妝方式廣為流傳。現代口紅有著「表現自己」、「禮儀」以及「戀愛功能」的意義。

為了表現自我，市面上有相當多顏色微妙的口紅商品可以展現出個人美感特色。所謂的「禮儀」則代表著畫上口紅已經是職場女性表示禮節的習慣了。

另外，口紅還擔任著戀愛功能（繁衍後代）的角色，很多男性會被嘴唇的顏色魅惑並受到影響。**紅唇也可以變成吸引男性靠近的道具**。

口紅的由來以及角色

公元前 除魔

▼

16世紀 裝飾、化妝

▼

現代 複數機能

口紅的裝飾要素和繪畫技術共同發展俱進。

口紅的顏色與印象

○紅色系

・對自己而言表示「強大的」
・對異性而言是「戀愛的表現」

○橘色系

・對自己而言表示「有精神的」
・對異性而言則是「有親和力」

○粉色系

・對自己而言表示「溫柔的」
・對異性而言則能「看起來更可愛」

口紅的角色

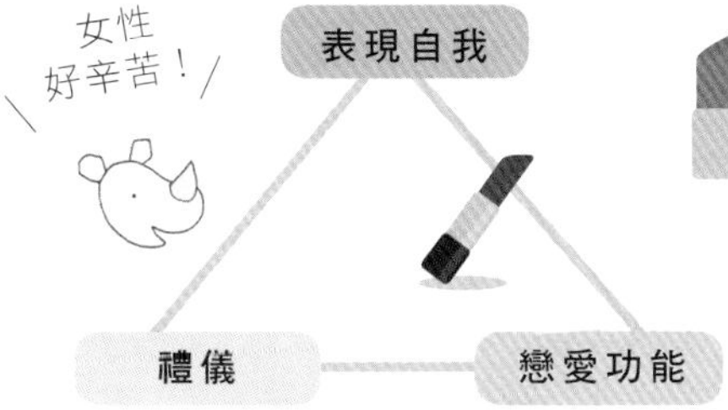

POINT 口紅的使用率

有一個在2016年由化妝品公司進行的調查，15歲到74歲的口紅使用率為61%。細分年齡的話，15歲到19歲中有41%，40歲以上則是超過60%。象徵自我、禮節、對美的意識……，人類真的好辛苦呀！

色系以外的紅色使用方式

紅色的他人／萬綠叢中一點紅

◎「紅色的他人」中紅色的意義

「紅色的他人」指的是毫無關係的人，為什麼會是「紅色」的呢？明明「白色的他人」也給人彼此不認識的感覺，因為白色也有像是「白紙」這樣的用法。

但是，「紅色」還有「很明顯」的意思，也就是說**這個形容方式並不是指「塗成紅色的外人」，而是以「很明顯是不認識的外人」的意思**來使用。

還有，「紅色」所擁有的強力印象會更強調「外人」的意象，表現出真的毫無關係的冷淡感。

◎「萬綠叢中一點紅」的紅並不是女性

「萬綠叢中一點紅」指的是男性中有一位女性混在裡面，這句話的出處來自中國詩人王安石所寫的詩。

在詩中描述綠色的草原中開出了一朵石榴花，如此的春天風景令人感動。當這詩句流傳到日本時，就變成了比喻在大量的物件中，出現了唯一一個特別的存在，或是一大群人中出現了唯一一位有才能的人。

但是，可能是**因為在描述「花」的緣故，因此不知道從什麼時候開始變成是在描述女性**，於是大眾便慣用來形容一群男性中出現的唯一女性了。

紅色的他人*／萬綠叢中一點紅

「紅色的他人」的紅色意義

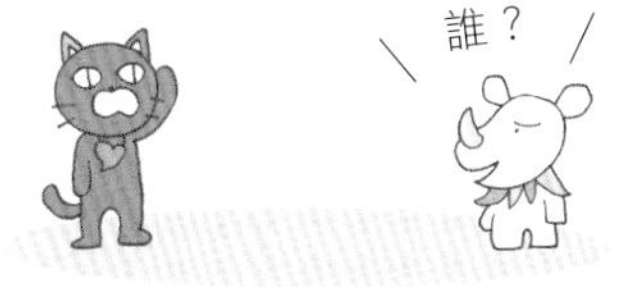

雖然説是紅色的他人，但意思並不是説不認識的人是紅色的。

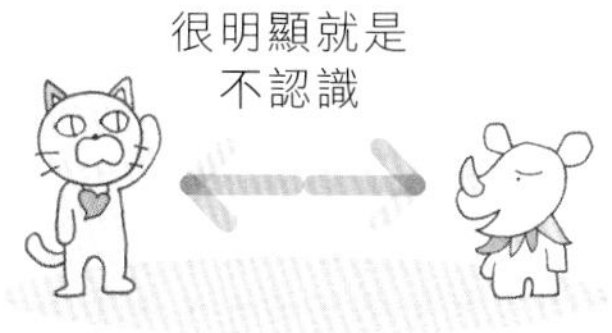

「紅色」主要用於強調。

「萬綠叢中一點紅」的「紅」不是指女性

「萬綠叢中一點紅」指的是在綠色草原上，出現唯一一朵紅花的狀態。

後面轉變成指稱在一群男性中的唯一女性。

POINT 紅色謊言

日語中「純紅色的謊言」以及「紅色羞恥」中的紅色也是當作「明確的」意思來使用。「純紅色的謊言」指的並不是「紅色的謊言」，而是以「純紅色」強調謊言真的非常虛假。「紅色羞恥」指的也不是失敗之後害羞臉紅的樣子，而是「真的很屈辱」的意思（各有說法）。

＊譯註：紅色的他人為日文中特有的形容方式，中文並無此說法，為求符合原文，故採直譯。

對顏色印象會定型下來的理由

紅色聖誕／白色婚禮

◉紅色聖誕老人的祕密

說到聖誕老人就會想到他身上的紅色服飾，但其實早期並不是紅色的，**有資料指出聖誕老人曾經穿過藍色、綠色以及紫色的衣服**。

據說聖誕老人的原型是四世紀一位名為「尼古拉斯」的主教，他會將金錢丟進窮困家庭的煙囪裡，那些金錢就剛好掉進了放在暖爐旁邊的襪子中。

1931年，可口可樂公司要將此形象用於宣傳，因此就讓聖誕老人穿上了可口可樂公司的形象色，也就是紅色的服裝。而此廣告中的聖誕老人形象就這樣擴散到了全世界，由此「聖誕老人就一定要穿紅衣服登場」的意象也跟著滲透到全世界人的心中。

◉婚紗為白色的理由

據說在婚禮穿著白色婚紗的開端是從18世紀的歐洲開始。

白色婚紗原本是基督教所使用的婚禮用服裝。長袖或是長手套以及遮住臉的面紗等等，這些盡可能減少肌膚外露的設計，都是帶有很強烈的宗教意義。

對於基督教來說，**白色是表現神的榮光以及聖潔形象的色彩，同時也是處女以及純潔的象徵**。1840年，英國維多利亞女王在她的婚禮穿著白色婚紗的樣貌，經由報紙雜誌等媒體大肆宣傳後，民眾更加憧憬白色了。

顏色的既定印象

紅色聖誕老人的祕密

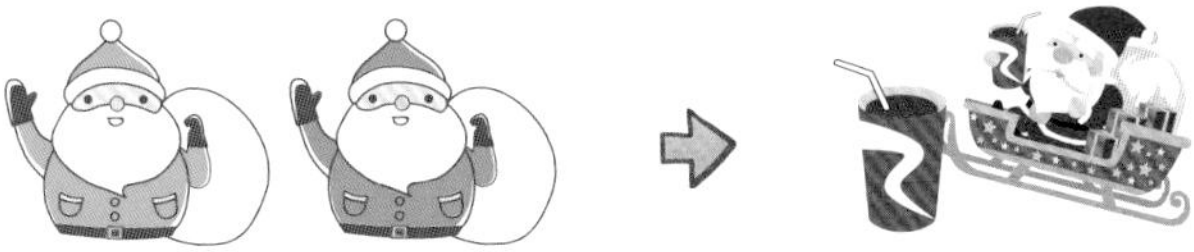

說到聖誕老人，就會出現紅色的形象，但其實往日的聖誕老人服裝是有各式各樣顏色的。

可口可樂公司為了宣傳，就把聖誕老人衣服的顏色改成了紅色。

婚紗是白色的理由

婚紗起源於18世紀左右的歐洲。

婚紗的白色（範例）

純白（白色）
襯托新娘的純潔。
C0 M0 Y1 K0
R255 G255 B253
N9.5

米黃色
日本人最熟悉的白色。
C5 M6 Y12 K0
R245 G240 B228
10YR 9/1

象牙色
自然且適合咖啡髮色的顏色。
C0 M1 Y12 K5
R248 G245 B227
2.5Y 9/2

POINT 日本的婚禮服裝

從室町時代（1336～1573）開始就有穿著白無垢的習慣，代表著沒有被任何顏色染色，純潔無垢的意思。當時還保有穿三天的白無垢之後，再換穿有顏色的和服的風俗，這也是「重新上色」*的由來。

*譯註：「重新上色」的原文為「お色直し」，指的是穿著白無垢，白色純淨的新娘在婚禮時或婚禮後脫下白無垢換上有顏色的和服，代表著染上夫家的顏色，正式成為夫家的成員。

白色與黑色的配色祕密

明辨白黑／警車的配色

◉「明辨白黑」的白與黑

在日本，當要抉擇某件事物的優先性或是做出最後決斷時，就會說「明辨白黑」，用白色及黑色來表現。原本的用法是黑色在前面，**「明辨黑白」才是原本的使用方式**，不過現在一般的日語用法是「白黑」。

這種使用方式來自於圍棋，在下圍棋時，上級者會拿白子，由黑子先下第一子來展開對決。這是因為此種比賽性質，先手會比較有利的緣故，同時也給人拿黑子的人比較弱，拿白子的人是比較強的印象。

當要明確分辨誰比較強的時候，就是看誰拿白色，而「明辨白黑」這個形容詞也就這麼出現了。

◉隱藏在警車配色中的功能

日本警車據說是從１９５０年接收美軍轉讓的敞篷車開始的。原本是白色的車子，但因為當時一般的車輛是以白色居多，因此在１９５５年時，全國統一改成下半部為黑色的雙色配置，成為現代日本警車的原型。

之所以會設定成黑色與白色，是考慮到了視認性，無論是白天還是晚上都能方便辨識的緣故。

把黑色設計在下方也有其用意，在警車慢慢普及的年代，因為道路鋪設尚未完善，因此把下半部塗成黑色後，就可以讓髒污不那麼顯眼。

明辨白黑／警車的配色

「明辨白黑」的白與黑

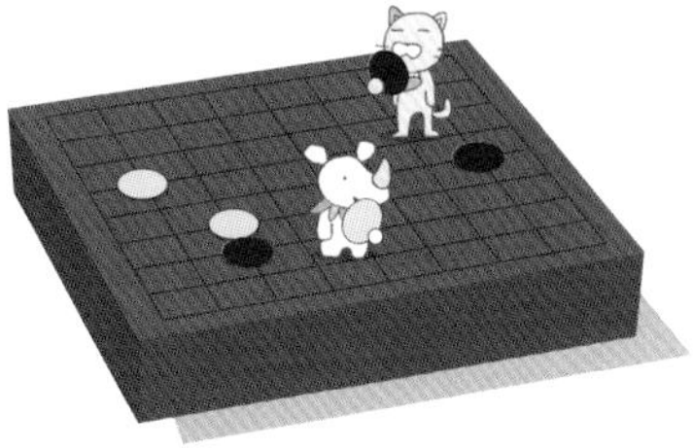

在圍棋中，拿黑子的人較弱，拿白子的人較強。搞清楚誰拿黑子、誰拿白子，就是這個説法的由來。

隱藏在警車配色中的功能

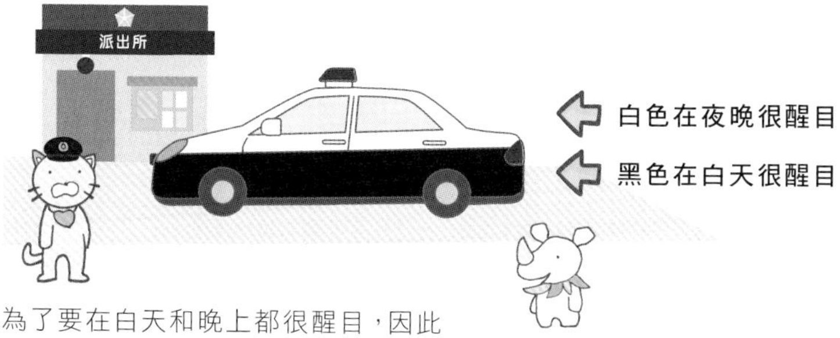

為了要在白天和晚上都很醒目，因此下了不少功夫。
下方塗成黑色，也可以讓髒污變得比較不這麼明顯。

POINT 豐富的圍棋用語*

由圍棋產生出來的詞彙非常地多。「定石」在圍棋用語中，指的是照著最佳且固定的打法來下棋。「無意義／下單官（駄目）」指的是在那些地方下子占不到目，等同毫無意義。「略遜一籌／讓子（一目を置く）」、「搞錯了／下錯手（手違い）」、「找出活路」以及「素人與玄人」都是圍棋用語喔。

*譯註：此段落，斜線前為意譯，後為圍棋用語，如無斜線則表示日文中文無特別差異。

政治與顏色的由來

白宮的白色／國會的白色與藍色

◎白宮之所以為白色的由來

美國的**白宮最初並不是白色的**。

當初總統官邸在1812年的美英戰爭中被燒毀，時任總統的詹姆士．麥迪遜就使用剩餘的外牆來重建官邸。為了要隱藏被燒灼的痕跡，所以將外牆塗白，這就是白宮的起點。因為整個官邸變成了白色，給人一股「誠實」、「明亮」以及「新穎」的政治印象，因此扭轉形象成為十分優質的總統官邸。

◎日本國會中，藍色及白色的票

日本國會在投票表決時，會使用寫上議員名字的「白票」以及「藍票」。贊成票為白色，反對票則會使用藍色。

但是，**以色彩心理來說，雙方都具有「贊成」的意義**，所以非常麻煩。白色有著「沒有反對意見」的印象，因此是適合代表贊成；藍色則有著「希望可以前進」、「相信」的意義在，在心理上也有著贊成的意義。

事實上，也發生過原本預計要投贊成票的議員潛意識拿了藍票去投的案例。

有人認為之所以會使用白票及藍票，會否是在模仿法國議會的投票形式，因為法國議會是採用國旗的顏色，白色贊成，藍色反對，紅色代表棄權。

白宮的白色／日本國會的白色及藍色

白宮之所以為白色的理由

最初白宮也不是白色的，而是被燒毀後，為了隱藏被燒過的外牆，才塗成白色，之後就變成現今的白宮。

白宮裡的非白色房間

紅色房間
會客室或是音樂室。

藍色房間
用於連結房間與房間的通路。

綠色房間
以前當作餐廳使用，現在則是多用途房間。

※會使用濃重的顏色

國會中白色與藍色的票

座位中有寫上名字的白色及藍色的木板條。

白票
用於贊成。

藍票
用於反對。
顏色接近藍綠色。

POINT 關於白宮的小話題

順帶一提，白宮的藍色房間因為會當作接待室來使用，裡面有藍色窗簾以及地毯的裝飾。紅色房間則陳列著紅紫色以及紅色的裝飾品，是歷任總統的第一女士愛用的房間。

歌舞伎與顏色的由來

色男／黑幕

◎「色男」的顏色是什麼色？

日文中「色男」指的是外貌姣好的美男子，而且是很受女性歡迎的男性。跟「型男」這種針對外表的形容方式比起來，「色男」則是偏向強調特別受到女性歡迎。

色男一詞來自於歌舞伎，為了要讓表演男女情歡場面的「濡事師」看起來像是皮膚白皙的美少年，因此會把演員的臉塗白。不知道從什麼時候開始，「濡事師」開始被稱為「色男」，也就是說，色男的「色」，指的就是白色。

◎黑幕為什麼是黑色的呢？

在看電影或是連續劇的時候，以為某個角色就是犯人時，經常會發現其實有牽線的大人物藏身在後。這種在背後操縱，擁有很大影響力的人就稱為「黑幕」。

此詞彙也是歌舞伎用語，黑幕是一種代表夜晚的東西，在背景上使用黑幕時，就代表著現在轉換到了夜晚的場景。另外，也有比較小尺寸的黑幕，當舞台上有死者出現時，為了要讓死者退出舞台，小的黑幕就會出現並隨著演員一起退出舞台。黑幕是一種觀眾看不見的存在，有著在不起眼處完成戲劇的任務。

從此一用法衍生過來，**後來就把待在舞台後方、像是製作人之類的具備影響力的人稱為「黑幕」**。黑幕的「黑」意指「看不見」，並沒有任何不好的意思，但也因為有著黑色的印象，如今已經演變成壞人角色的象徵了。

色男／黑幕

「色男」的色是什麼顏色？

「色男」指的是將皮膚曬成適合夏天小麥色的運動員嗎？

來自於歌舞伎中稱為濡事師的演員。皮膚白皙的美少年就稱為「色男」。

黑幕為什麼是黑色的？

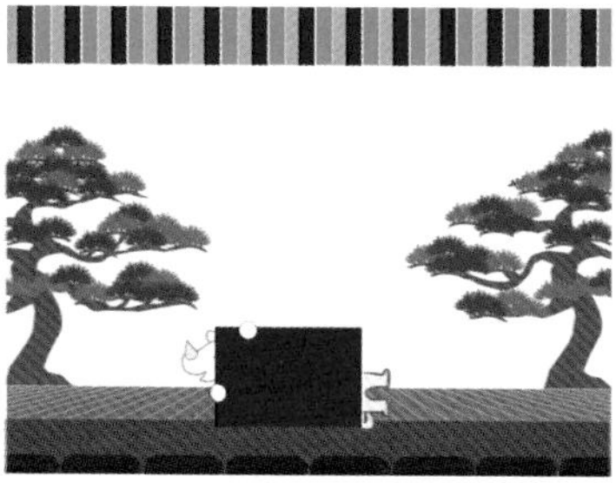

黑幕也來自於歌舞伎，負責移送往生的角色下台等，是一種在不起眼處完成演出任務的存在。

後來就把在背後也有影響力的人稱為「黑幕」。

POINT 男前

男前也是來自於歌舞伎的詞彙。「前」代表的是動作，指的是演員美麗的姿態。現在還會加上容貌的美貌程度，也多半用於表現個性以及態度。經常用於形容男性不僅是位型男、又擁有好個性。

節日與顏色的由來

黑色情人節／白色喪服

◉韓國的黑色情人節

韓國有個稱為「黑色情人節」（Black Day）的紀念日，指的是沒有在情人節或白色情人節中找到戀人的男女，在4月14日時，穿著黑色衣服群聚在一起，相約吃黑色韓式炸醬麵的風俗習慣。用黑色來譬喻沒有戀人的灰暗情緒，同時還有著「吃下黑色食物」的幽默意喻。另外，據說這也可以用於表示單身，某種意義上也屬於一種聯誼的場合。

◉黑色的喪服其實原本是白色的

喪服原本在《日本書紀》的時代是白色的，但是到了平安時代後，就出現了要穿著墨染衣服的規定，之後就變成需著用黑色的喪服。平安時代的《源氏物語》中也出現過有人穿著墨染衣服當作喪服的場面。

來到了**室町時代後，喪服又再度變回白色**。江戶時代的喪服一般來說會穿著白色的裃，女性則是會穿著白無垢的小袖加上白色的腰帶*。在1897年，舉行英照皇太后的國葬時，據說為了迎合世界各國國賓的參與，政府引進了西式的葬儀。因此當時參加者都身穿在歐洲葬禮時一般會穿的黑色喪服。

之後，在甲午戰爭、日俄戰爭時期，因為葬儀次數的增加，衣服租賃業者也開始了喪服的租賃業務，據說從那時開始，黑色的喪服就變成常見的形式了。

* 譯註：裃指的是和服的一種；小袖亦是和服的一種。

黑日／白色喪服

韓國的黑色情人節

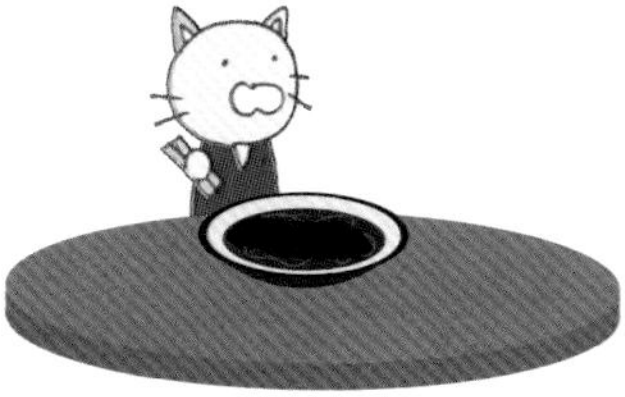

韓國有一個稱為「黑色情人節」的節日，指在情人節及白色情人節都沒有找到戀愛對象的人們，會在4月14號揪團吃黑色韓式炸醬麵。

黑色的喪服以前是白色的

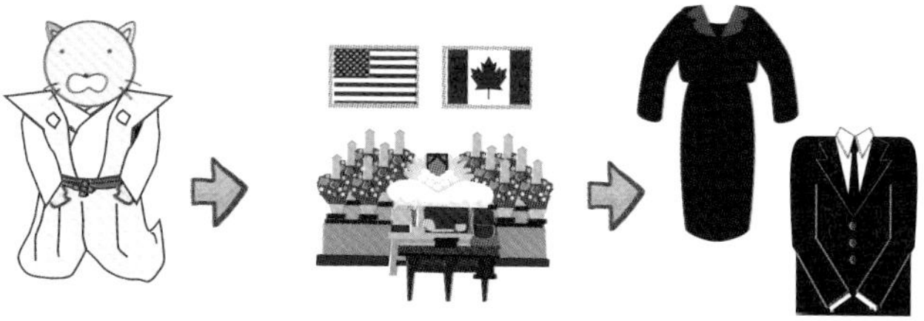

在江戶時代的喪服是白色的，到了明治時代之後，因應國際化浪潮，日本的喪服就從白色變成了黑色。

POINT 韓國的每月14日

在韓國，每個月14日有著各式各樣的紀念日，感覺相當歡樂。比如說，5月14日是黃色日，當過了黑日之後，還是找不到戀人的話，就會穿黃色的衣服吃咖哩。8月14日是綠日，據說當天會前往涼爽的山上進行森林浴。

顏色與名稱不一致

綠色的黑板／黑盒子

◉ 把綠色的板子稱為黑色的不可思議之處

就像把紅綠燈的綠燈稱為青燈一樣，生活中也有實際顏色與名稱不一致的物品，「黑板」就是其中之一，黑板實際上並不是黑色的，**一般來說都是深綠色或是沉靜的綠色**。

明治初期，當日本開始實施學校制度的同時，也從美國將「黑板」引進國內。

之後，雖然日本也開始製造黑板，但當時的做法仍然相當陽春，先塗上墨汁，再塗上具有防腐以及補強作用的柿漆而已。在強化量產的過程中，發現黑色不是一個適合長時間觀看的顏色，因此在１９５４年，根據日本產業規格，將顏色改成了深綠色。

◉ 把橘色稱為黑色的理由

「黑盒子」指的是不知道裡面是什麼，只知道是裝著重要物品的盒子。

飛機上搭載的「黑盒子」是飛行資料紀錄器以及駕駛艙聲音紀錄器的別名，當飛機遇到事故後，就會進行回收，判讀駕駛艙內的聲音以及飛行狀況有助於找出事故原因。

這個黑色的箱子**其實是塗上了非常鮮豔且帶有螢光的橘色**，為了加速發現才使用誘目性高的顏色。實際上，即使是遭遇非常重大的事故，也都幾乎可以被搜尋到。

綠色的黑板/黑盒子

綠色的黑板

如果是黑色的話，對比過於強烈，眼睛容易疲勞。

因為綠色對眼睛有益，因此不會疲累。

把橘色稱為黑色的理由

飛機上裝載的「黑盒子」其實是橘色的。

橘色外觀是即使距離遙遠也容易搜尋到。

POINT　下駄箱、筆箱

除了黑板之外，現在的日文中還有許多沿用至今的詞彙喔。比如說下駄箱（鞋櫃），裡面沒有下駄（木屐）。筆箱也是以前的詞彙，別名又稱為鉛筆盒。現在裡面只會放鉛筆跟藍筆，而非毛筆。不過由此就能體驗到以前的文化，相當有趣。

勝負中的白與黑

白星與黑星／白旗

◉來自於相撲的白星與黑星

在日本獲勝時為白星，輸了則會以黑星來表示，雖然很多運動都會使用這個詞彙，但實際上是根源於相撲。據說會加上星星，是因為江戶時代的圖章為星星樣式的關係。

對於喜歡看運動賽事的人來說，也許「白色＝勝利」是一種常識，但對於其他人來說，**會認為「白色＝輸」**，像「舉白旗」就有著認輸的意思，也有人會因為黑色本身展現的強大程度，而在內心層面產生勝利的感覺。

◉白旗代表的真正意義

「舉白旗」代表著投降，在「戰爭法」中明文記載著不得攻擊舉白旗的對手。

白旗之所以是白色的，並不是要傳達白色代表著輸的意思，舉出白旗的意思是「在白旗上面畫上對手的國旗也沒關係」。

另一個說法則表示舉白旗來自於中世紀歐洲教會的活動「白色星期天」，在這一天，不管是什麼戰爭都會因為教會的權威而暫時休兵，因此白色才開始有著休戰的意義。

另外，也有說法認為白旗的起源是來自某個戰鬥中負傷者揮舞著白色繃帶來表示投降，因為白色的布在戰場上可以代替繃帶的緣故。

白星與黑星／白旗

來自於相撲的白星與黑星

白星

身體沒有碰到土的狀態＝
沒有被推倒
代表「勝利」。

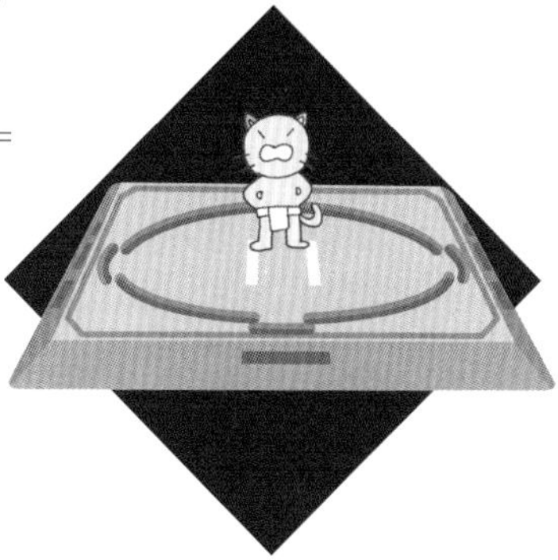

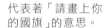

黑星

身體碰到土的狀態＝
被推倒
代表「輸」。

白旗真正的理由

並非將白色當成「輸」的代表色……

因為即使在戰場上也容易取得白色繃帶以及布的緣故。

代表著「請畫上你的國旗」的意思。

POINT 金星

在相撲中，當平幕階級的相撲力士贏過橫綱時，就會授予金星。小結階級以上的力士贏過橫綱時就不會獲得金星，會從該階級給予「金」的稱號。實際上，獲得一顆金星，月薪就會提高4萬日幣，若一年有六場比賽則會增加24萬的月收入，某種意義上真的是「金」。

最初誕生的四種顏色

白／黑／紅／藍

◎ 黑色的反義詞是什麼顏色？

應該很多人會覺得黑色的反義詞是白色，但是，如果是從日本顏色的誕生來看的話，會稍微不太一樣。

古代的日本中，色名只有「白色」、「黑色」、「紅色」以及「藍色」這四種顏色。據說「黑色」是從太陽日落的狀態帶來的「黑暗」以及「黃昏」所形成「黑色」的。另一方面，「紅色」則是太陽升起的「明亮」狀態所帶來的「光明」以及「天亮」中誕生出來的。在明亮度上來說，「黑色」以及「紅色」所代表的意思就是相對的。從顏色的意義來看的話，**「黑色」的反義詞就是「紅色」**。

「藍色」是從不清楚、不知道有被包覆的「模糊」以及「淡薄」的意象中誕生，「白色」則是從代表著「清楚地看到」的意義中的「知道」以及「記述」中誕生。

◎ 沒有「綠い」（綠色的）之理由

在使用日文的顏色形容詞時，我們會使用「赤い」（紅色的）以及「青い」（藍色的）的這種用法，但卻不會使用「緑い」（綠色的）以及「紫い」（紫色的）。**在名詞後可以加上「い」使其變成形容詞的詞彙中，只有「白色」、「黑色」、「紅色」以及「藍色」這四種顏色而已**，那是因為這四種顏色是最早誕生出來的顏色，而且顏色的由來是為了表示「明亮」、「昏暗」等等的狀態，因此才可以變化成形容詞。「黃色」以及「茶色」則是會加上「色」來變成「黃色い」以及「茶色い」的形容詞。

色名不是狀態，因為主要是位於物品的名稱前面，因此不會變化成形容詞。其他的顏色會以「綠色の」（綠色的）以及「紫色の」（紫色的）的方式來表現。

色名的歷史

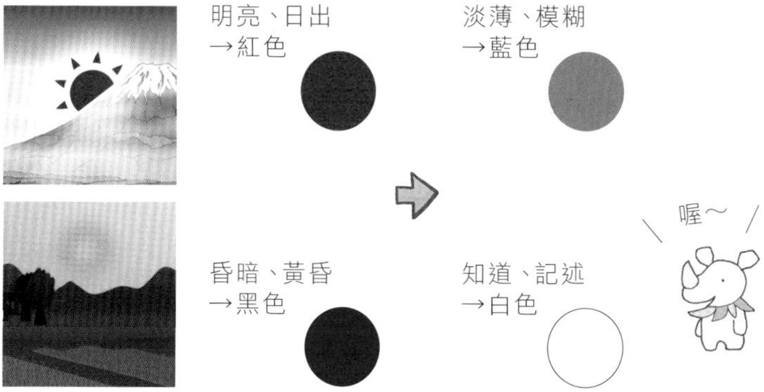

據說在日本是先出現「紅色」及「黑色」，之後才出現「藍色」及「白色」。

最初出現的四種顏色
（顏色僅為參考顏色）

紫色是在四種顏色出現之後才出現。

變成形容詞的六種顏色

綠色最初是被當作和藍色相同的一種顏色，當作色名使用是比較後來才開始的。

POINT 藍色與白色是明度的概念

在古代的日本中，藍色是一種不清楚顯現、曖昧的顏色，白色則是一種清楚展現的顏色，從這一點來看的話，這也可以說是早期所提出的明度概念。在日本，當這兩種顏色出現後，才出現了顏色濃淡的概念。日本人之所以喜歡中間色，我認為也許就是因為這種背景因素也說不定。

聲音是黃色的奇妙感

女性以及孩童的聲音看起來像是黃色

在日本，有人會使用「黃色的聲音」來表現女性以及孩童高亢的聲音。明明聲音是無色的，為什麼會說「黃色」呢？

有一個說法指出，其中的由來是源自於摩擦金屬時產生的高亢聲響，聽起來就像是女性及孩童的聲音，漸漸開始轉變成「金屬摩擦聲*」，最後就轉變成了「黃色的聲音」。

另外還有一個說法認為這是從古代中國的經典而來的，據說在當時，音樂的高低不是使用音符，而是用顏色來表示，最高的高音就是黃色的。在中國文化中，黃色也是高貴的顏色。不過

* 譯註：日文原文為「金切り声」。

用顏色表現聲音的不可思議

當把黃色與女性及孩童的聲音連結在一起，以文化背景來說，就沒有這麼高的信賴度了。

雖然沒有明確的由來，不過或許是人們對**黃色的印象有著「開心」、「愉快」的感覺，最適合搭配高亢的聲音**也說不定。

嘆息是藍色的？

感到困擾或是痛苦的時候會出現的嘆息，日文稱為「青息吐息」（哀聲嘆氣之義），嘆息是「藍色」的。表現出了**人在痛苦時，臉色會變得鐵青，從這樣的狀態表現出來的嘆息就會是藍色的**。

有另一個說法指出這個字是從表示大嘆一口氣的日文「大嘆息**」轉變而來。雖然很容易搞錯，但這並不是青息吐息。

** 譯註：日文發音與青息相同。

因為開心快樂
所以是黃色的聲音？

高亢的聲音是黃色的。

嘆息是藍色的。

《浮世風呂》（江戶時代）中，把男性在澡堂中唱歌的聲音描述為「黃色的聲音」。在江戶時代中，還有其他五種有顏色的聲音，例如白色的聲音等等。

很多人對黃色抱有
・開心
・愉快
的印象。

在新潟大學的研究中，找了15位會把聲音與顏色連結起來的聯覺者，進行了聲音以及顏色的調查。這15人平均的聲音排列方式，類似於第125頁的光譜的排法。

POINT **聯覺**

聯覺指的是，除了一般負責接受某個刺激的感覺器官之外，其他感覺器官也會感受到同一刺激。有人會從聲音看到顏色，甚至有時候在聽到某個特定的聲音時，會看到共通的顏色。據說多數聯覺者會從Do看到紅色，Re是黃色，Mi是綠色。黃色的聲音應該就是「Re」的音階了吧。

Column

提升色彩力④

色彩記憶力／再現力

為了要記憶並再現顏色，就必須要正確且充分地理解、完善地使用顏色的度量衡。這就是「色彩記憶力與再現力」。從完善使用的觀點來看，推薦使用孟塞爾數值。

重要的是看到顏色時，腦中就要能夠浮現孟塞爾數值，這在比較大量顏色和孟塞爾數值時尤為重要。使用「DIC COLOR」等的 APP 就可以馬上知道孟塞爾數值的推測數值。

透過不斷地確認以及練習自己看出來的孟塞爾數值是否偏離實際的數值，就可以充分地理解正確的數值。

不需要在意過於細微的數字，只要可以在判斷色相時把誤差控制在 2.5 個單位內，判斷明度以及彩度時把誤差控制在 1 單位裡面就很足夠了。

提升色彩力 小測驗

Q1. 在第四章登場的「藍紫色神」帽子的顏色是哪一個顏色呢？
（不可以翻回去看）

A　B　C　D

答案：Q1：C

第5章

單色、配色與印象

哈囉！我是藍色神。第五章節會講解顏色與印象之間的關係。不只是單色，也會談到配色帶給人的印象，接著也會說明日本傳統配色「襲」。我不是很擅長說話，所以，與其用文字說明，更想要讓大家透過大量的顏色來理解。

理解印象

在學習「顏色的基礎」以及「顏色的性質」之後，接下來透過學習「顏色對內心產生的效果」來增加色彩心理學的知識深度。

此外，還有一個重要的項目「顏色的印象」。印象在各式各樣場合中進行顏色的提案時非常好用，對於想活用色彩心理學的人來說，重要的是要精進印象。

在本章中會解說上述顏色與印象之間的重要關係。

◉ 印象的力量

此篇會用便於理解的方式說明印象是怎麼形成的、又是如何分類的。

個人之間差異巨大的印象世界

◉ 配色技巧

從筆者曾參與過的實際運用顏色的現場中所獲得的實例，來解說色彩配色時的基本方針。

◉ 各色的印象以及色彩心理效果

關於基本的紅色、粉紅色、橘色、黃色、綠色、藍色、紫色、白色以及黑色，整理了單色、配色印象、服裝的印象、代表色，希望讀者可以作為色彩辭典來使用。

◉ 日本的色彩文化「襲」

整理了日本文化中的十二單以及「襲色目」。

在第五章要學習的知識

色彩給人的印象到底是什麼、有哪些種類呢？在本章中將會詳細解說，以及從單色、配色而來的印象產生方式。

① 印象的力量

產生印象的機制以及關於印象的種類。

(P.240～P.241)

② 配色技巧

以配色的角度來看服裝的上下搭配及配色的基本方針。

(P.242～P.243)

③ 各色的印象以及色彩心理效果

基本顏色的印象一覽表、配色印象等等。

(P.246～P.263)

關於頁面的閱讀方式。

(P.244～P.245)

④ 日本的色彩文化「襲」

關於日本的傳統配色。

(P.264～P.269)

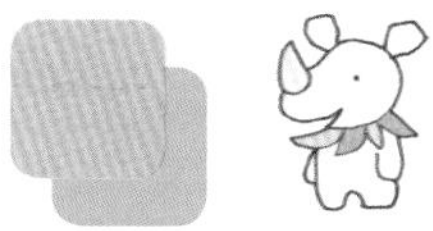

印象的力量

印象的產生方法與種類

◉印象的形成

顏色在大腦的視覺皮層V4（P．130）中經過處理後，會被拿去和原本就已經儲存在記憶中的顏色進行比較，來理解現在看到的顏色是什麼。此時，人就會對顏色產生印象。

比如說，看到紅色的時候，有些人會出現「感覺很溫暖」等知覺方面的印象，也會有人會出現「好像火焰」的視覺印象。

每個人會出現各異的印象，這是因為每個人所持有的記憶都不一樣，所以在腦中拿來比較的物品有著很大差異的緣故。另外，也因為某些人是比較容易在腦中浮現和語言相關的事物，而有人則容易想起視覺相關事物的關係。

◉印象的種類

在本書中，把看到顏色時感覺到語言相關的印象稱為**「語言印象」**；聯想到視覺相關的印象稱為**「視覺印象」**。

容易聯想到相同事物的顏色（紅色、藍色、紫色及綠色等等）稱為高印象化的顏色。反之，聯想到的東西都不一樣，或是連結到的事物相當少的顏色（藍綠色、黃綠色或是藤色等等）就稱為低印象化的顏色。

另外，在第58頁中說明過，在喜好的顏色與個性的關聯性中，以印象文字代表心中的性格傾向的就稱為**「心理印象」**。

顏色的印象化

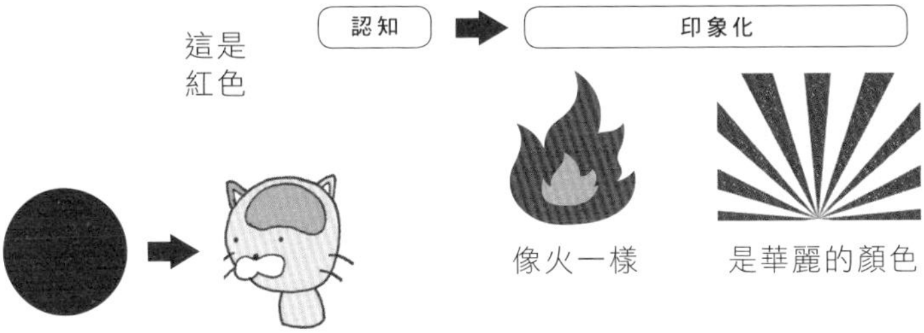

人在看到顏色時，會把看到的顏色跟過往的記憶比較，以此來認知那是什麼顏色。接著，會感覺到「像是火焰一樣」、「是華麗的顏色」等印象。出現何種印象會根據不同個人而產生極大的差異。

語言印象

- **強力**
- **能量**
- **力量（強調）**
- **溫暖**
- **生氣**
- **熱情**

本書把腦中湧現的印象以語言來表示的稱為「語言印象」。

視覺印象

- **火焰**
- **太陽**
- **口紅**
- **番茄**

本書把腦中湧現的印象以視覺來表示的稱為「視覺印象」。

心理印象

- **行動派**
- **愛情**
- **正義感**

本書把喜歡特定顏色的人心中所擁有的個性特徵傾向統整後的稱為「心理印象」。

配色的搭配方式

色彩搭配的基本方針

適合的顏色與不適合的顏色

在討論決定某個主題遊樂園夏天的制服時，出現了這樣的問題，請看左頁上方的插畫（看完之後請先不要往下閱讀，繼續看完此頁的文章）。

這是男性的制服，以ＰＯＬＯ衫搭配長褲。從一開始就已決定好要穿鮮豔青色的長褲。但卻遲遲無法選擇上半身的ＰＯＬＯ衫要用什麼顏色。負責決定制服的委員會中，意見分成兩方，分別是適合這種褲子顏色的是「水色」以及「白色」兩派。

設計師委託我們以色彩專家的角色來協助，當時現場應該有超過20位的成員在討論要搭「水色」還是「白色」。如果是你的話，會選哪一個顏色的ＰＯＬＯ衫來搭配呢？

配色的思考方式

首先，**從「哪一個比較適合呢？」的視角來選擇顏色的思考方式就是錯的**。基本上，沒有不可以搭配的顏色，水色與白色上衣都搭。

但是，**「當顏色搭配在一起時，發散出來的印象就會不一樣」**。希望大家可以想像一下，「水色與青色」搭配以及「白色與青色」所製造出來的印象，哪一個才是想要讓來園觀眾感受到的印象。當說明這個配色理論之後，大約十分鐘左右就決定要使用白色與青色的搭配了。

要用什麼顏色搭配這件長褲？

主題樂園的夏天制服

出現了一個問題：「適合這件長褲顏色的POLO衫要選哪一個顏色？」

大家有什麼想法呢？

在思考配色的時候，不要從「適合」還是「不適合」的角度來看，不同顏色的搭配會產生不同的印象。應該要根據穿著場所以及遇到的人，來思考想**欲營造的印象**。

兩邊都是正確答案，要思考的是想要傳達、營造出什麼樣的印象來考慮配色。

POINT 現今的色彩教育

現今的色彩教育中，會學習大量的色彩理論，這種學習方式容易會讓人落入判斷顏色與顏色之間「適合」以及「不適合」的問題。顏色是自由的，如果是要搭配使用顏色，希望能從想要產生什麼樣的印象來考慮配色。

顏色與印象 頁面的閱讀方式

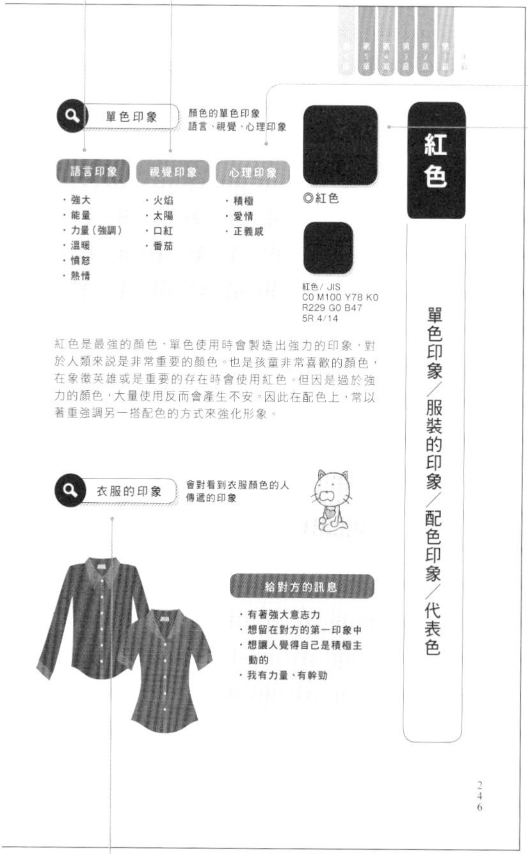

單色印象 顏色的單色印象
語言、視覺、心理印象

語言印象	視覺印象	心理印象
・強大	・火焰	・積極
・能量	・太陽	・愛情
・力量（強調）	・口紅	・正義感
・溫暖	・番茄	
・憤怒		
・熱情		

紅色

◎紅色

紅色／JIS
C0 M100 Y78 K0
R229 G0 B47
5R 4/14

紅色是最強的顏色，單色使用時會製造出強力的印象，對於人類來說是非常重要的顏色。也是孩童非常喜歡的顏色，在象徵英雄或是重要的存在時會使用紅色。但因是過於強力的顏色，大量使用反而會產生不安。因此在配色上，常以著重強調另一搭配色的方式來強化形象。

衣服的印象 會對看到衣服顏色的人傳遞的印象

給對方的訊息
・有著強大意志力
・想留在對方的第一印象中
・想讓人覺得自己是積極主動的
・我有力量、有幹勁

單色印象／服裝的印象／配色印象／代表色

246

視覺印象

此處整理了多數人看到顏色時會想像出來的視覺印象。

心理印象

把喜歡這個顏色的人心中的個性傾向、特徵語言化之後整理於此。

基本顏色

此處是基本顏色的範例以及JIS的顏色範例。

服裝的印象

介紹看到該顏色的衣服後，人所擁有的印象、情感以及機能。

透過配色，印象也會有所改變

語言印象

統整了看到顏色時會湧現的語言印象。因為是跟經驗連結在一起的，因此會有個人差異。

配色印象

循序漸進地解釋並整理了單色的語言印象，以及配色時會產生的印象。不需要死背配色與印象的關係，目標是往後可以用理論的方式去思考搭配顏色給人的印象。

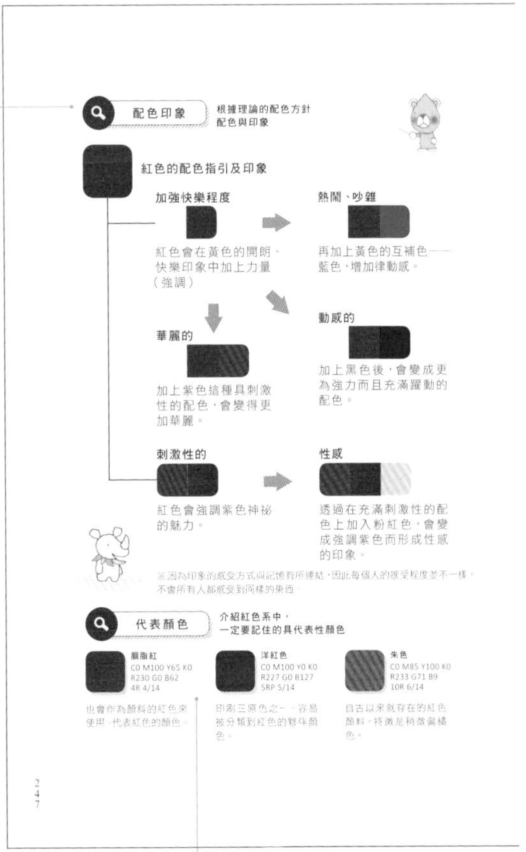
配色印象　根據理論的配色方針 配色與印象

紅色的配色指引及印象

加強快樂程度

紅色會在黃色的開朗、快樂印象中加上力量（強調）

熱鬧、吵雜

再加上黃色的互補色——藍色，增加律動感。

華麗的

加上紫色這種具刺激性的配色，會變得更加華麗。

動感的

加上黑色後，會變成更為強力而且充滿躍動的配色。

刺激性的

紅色會強調紫色神祕的魅力。

性感

透過在充滿刺激性的配色上加入粉紅色，會變成強調紫色而形成性感的印象。

※因為印象的感受方式與記憶有所連結，因此每個人的感受程度並不一樣，不會所有人都感受到同樣的東西。

代表顏色　介紹紅色系中，一定要記住的具代表性顏色

胭脂紅
CO M100 Y65 KO
R230 G0 B62
4R 4/14

也會作為顏料的紅色來使用。代表紅色的顏色。

洋紅色
CO M100 Y0 KO
R227 G0 B127
5RP 5/14

印刷三原色之一。容易被分類到紅色的夥伴顏色。

朱色
CO M85 Y100 KO
R233 G71 B9
10R 6/14

自古以來就存在的紅色顏料。特徵是稍微偏橘色。

247

代表色

介紹基本顏色系統中具代表性的顏色。

紅色

單色印象

顏色的單色印象
語言、視覺、心理印象

◎紅色

語言印象	視覺印象	心理印象
・強大	・火焰	・積極
・能量	・太陽	・愛情
・力量（強調）	・口紅	・正義感
・溫暖	・番茄	
・憤怒		
・熱情		

紅色／JIS
C0 M100 Y78 K0
R229 G0 B47
5R 4/14

紅色是最強的顏色，單色使用時會製造出強力的印象，對於人類來說是非常重要的顏色。也是孩童非常喜歡的顏色，在象徵英雄或是重要的存在時會使用紅色。但因是過於強力的顏色，大量使用反而會產生不安。因此在配色上，常以著重強調另一搭配色的方式來強化形象。

衣服的印象

會對看到衣服顏色的人
傳遞的印象

給對方的訊息

- 有著強大意志力
- 想留在對方的第一印象中
- 想讓人覺得自己是積極主動的
- 我有力量、有幹勁

配色印象

根據理論的配色方針
配色與印象

紅色的配色指引及印象

加強快樂程度

紅色會在黃色的開朗、快樂印象中加上力量（強調）

熱鬧、吵雜

再加上黃色的互補色——藍色，增加律動感。

華麗的

加上紫色這種具刺激性的配色，會變得更加華麗。

動感的

加上黑色後，會變成更為強力而且充滿躍動的配色。

刺激性的

紅色會強調紫色神祕的魅力。

性感

透過在充滿刺激性的配色上加入粉紅色，會變成強調紫色而形成性感的印象。

※因為印象的感受方式與記憶有所連結，因此每個人的感受程度並不一樣，不會所有人都感受到同樣的東西。

代表顏色

介紹紅色系中，
一定要記住的具代表性顏色

胭脂紅
C0 M100 Y65 K0
R230 G0 B62
4R 4/14

也會作為顏料的紅色來使用。代表紅色的顏色。

洋紅色
C0 M100 Y0 K0
R227 G0 B127
5RP 5/14

印刷三原色之一。容易被分類到紅色的夥伴顏色。

朱色
C0 M85 Y100 K0
R233 G71 B9
10R 6/14

自古以來就存在的紅色顏料。特徵是稍微偏橘色。

單色印象

顏色的單色印象
語言、視覺、心理印象

語言印象	視覺印象	心理印象
‧可愛	‧櫻花	〈淡粉紅色〉
‧溫柔	‧撫子	‧細膩
‧戀愛感覺	‧春天	‧溫柔
‧稚氣	‧嬰兒	‧想談戀愛
‧羅曼蒂克的	‧女性	〈深粉紅色〉
‧天真	‧化妝品	‧情感的
		‧戰略行動
		‧渴望獲得他人認同

◎粉紅色

粉紅色／JIS
C0 M40 Y25 K0
R244 G176 B169
2.5R 7/7

粉紅色是女性最喜歡的顏色，也是擁有很多心理效果的顏色之一，是一種穩定的顏色，可以讓人感到療癒、穩定個性等。一般來說，我們認定的粉紅色與JIS標準的顏色有所不同。配色大多會有著溫柔的印象，或是強調可愛的印象。

衣服的印象

會對看到衣服顏色的人
傳遞的印象

給對方的訊息

〈淡粉紅色〉
- 溫柔，想看起來可愛
- 希望可以被溫柔地對待
- 希望他人感覺到幸福

〈深粉紅色〉
- 想要顯眼
- （戰略上）想受到保護

配色印象

根據理論的配色方針
配色與印象

粉紅色的配色指引及印象

稚氣感

透過與淡黃色搭配，
加強孩子稚嫩的感覺。

充滿精神、快樂

加上水色之後會產生躍
動感。整體上會給人快
樂又充滿精神的印象。

異想天開的、充滿幻想的

會更強調出藍色及紫
色充滿幻想的印象。

暖呼呼

以暖色中色相接近的
顏色統整在一起之後，
躍動感會消失，變成
穩重的印象。

高雅的

與中間紫搭配後，就
會帶出女性韻味。

優雅的

強調紫色的氣質印象，
而能呈現出優雅感。

※因為印象的感受方式與記憶有所連結，因此每個人的感受程度並不一樣，不會所有人都感受到同樣的東西。

代表顏色

介紹粉紅色系中，
一定要記住的具代表性顏色

一斤染
C0 M20 Y8 K0
R250 G219 B201
10RP 9/4

以一斤紅花（560g）染2反*的布之後會出現的明亮紅色。

珊瑚色
C0 M42 Y28 K0
R243 G175 B162
2.5R 7/8

經常用於裝飾上的珊瑚粉色。有很多類似的顏色。

鮭魚粉
C0 M40 Y40 K0
R242 G175 B162
7.5R 8/10

名稱來自於鮭魚生魚片的粉色。經常當作是偏向橘色的粉紅色來使用。

---

*譯註：「反」指的是日文中的布匹量詞，一反為10公尺寬36公分。

橙色

單色印象

顏色的單色印象
語言、視覺、心理印象

語言印象	視覺印象	心理印象
・休閒	・夕陽	・容易親近
・溫暖	・柳橙	・集體行動
・熱鬧	・橘子	・競爭心
・開朗	・萬聖節	
・令人懷念	・旋轉木馬	
・主動	・紅蘿蔔	

◎橘色

橘色／JIS
C0 M60 Y100 K0
R239 G130 B0
5YR 6.5/13

橘色為暖色，讓人感覺到溫暖，是一種具有行動力的顏色，也有著類似紅色的心理效果。和紅色不同的地方在於，強度有稍微被壓抑住，給人一股容易親近的感覺，較為休閒、能增強開朗的印象。配色上，容易營造出律動感。

衣服的印象

會對看到衣服顏色的人
傳遞的印象

給對方的訊息

- 想要輕鬆快樂
- 想要行動
- 一起參與

配色印象

根據理論的配色方針
配色與印象

橘色的配色指引及印象

積極的、行動的

橘色和紅色都有行動的印象，搭配在一起效果更加強化。

運動風

是會讓人聯想到運動的顏色，因為動與靜之間的落差而讓人感覺到激烈的動感。

休閒的

受到綠色給人的和平感影響，而更能展現出休閒的特徵。

活潑的、激動的

三種暖色搭配在一起之後，就會出現更為強烈的動態感。

充滿活力

配上黃綠色的生命力，就變得充滿活力。蔬菜的印象。

嶄新的、新鮮的

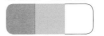

加上白色後，給人更強的新鮮感。

※因為印象的感受方式與記憶有所連結，因此每個人的感受程度並不一樣，不會所有人都感受到同樣的東西。

代表顏色

介紹橘色系中，
一定要記住的具代表性顏色

蜜柑色
C0 M60 Y84 K0
R239 G136 B40
4YR 7/13

和橘色一樣同屬於柑橘系列的顏色，有點偏黃的顏色都屬於此範疇，相當廣泛。

柿色
C0 M70 Y75 K0
R236 G109 B60
1YR 6/12

柿子的顏色。從以前就廣為人知的橘色系顏色。

杏色
C0 M35 Y52 K0
R246 G184 B125
5YR 8/8

杏的顏色。經常作為商品名稱來使用的顏色。近似粉紅色。

單色印象

顏色的單色印象
語言、視覺、心理印象

語言印象	視覺印象	心理印象
・幸福	・光	・好奇心
・光	・玩具	・獨特
・危險	・檸檬	・渴望提升自己
・開心	・錢（黃金）	
・注意、引人注目	・向日葵	
・孩子氣	・香蕉	

◎黃色

黃色／JIS
C0 M15 Y100 K0
R255 G216 B0
5Y 8/14

黃色是主要顏色中，和「咖啡色」一樣，後面會加上「色」字而稱為「黃色」。有時候不會加上「色」，直接使用「黃」*。至於為什麼會變成「黃」，詞彙的來源尚未闡明。在中國，黃色被當作是中心色彩，在日本並沒有像中國那樣尊重黃色的歷史。配色則大多是表現出愉快的印象。

衣服的印象

會對看到衣服顏色的人
傳遞的印象

給對方的訊息

・想嘗試新事物
・開心地行動吧
・想獲得刺激（深色）
・想要溝通（淺色）

* 譯註：此為日語中的用法。

配色印象

根據理論的配色方針
配色與印象

黃色的配色指引及印象

快樂、開朗 → **休閒（快樂）**

因為是搭配了黃色的快樂以及橘色的開朗，因此展露出更強烈的動感。

加上綠色之後，就會展現出強烈的休閒氣氛。這是因為綠色的和諧效果所致。

孩子氣 → **孩子氣（更為年幼）**

黃色的孩子氣搭配粉紅色之後，會變得更為明顯。

調降黃色色調變成淡色之後，就會轉化成更為年幼的感覺。
（請參考P.249）

注意、矚目 → **強烈、強力**

黑色是一種能強調出搭配色的顏色。會更強調黃色的矚目程度。

加上紅色之後，會表現出更為強烈的印象。

※因為印象的感受方式與記憶有所連結，因此每個人的感受程度並不一樣，不會所有人都感受到同樣的東西。

代表顏色

介紹黃色系中，
一定要記住的具代表性顏色

山吹色
C0 M35 Y100 K0
R247 G180 B0
10YR 7/12

日本傳統色中，最眾所皆知的顏色，是一種穩重的黃色。

檸檬黃色
C0 M0 Y80 K0
R255 G242 B63
8Y 8/12

稍微抑制彩度的黃色。在實際的市場用色中，會更往綠色靠近。

芥子色
C0 M14 Y70 K25
R209 G182 B77
3Y 7/6

色名來自於芥末磨成泥狀後的顏色。類似顏色為芥末色。

綠色

單色印象

顏色的單色印象
語言、視覺、心理印象

語言印象	視覺印象	心理印象
・和諧	・自然	・和諧
・安全	・山	・療癒
・自然	・樹	・個人主義
・療癒	・森林	
・生命力	・蔬菜	
・青澀的	・祖母綠	

◎綠色

綠色／JIS
C70 M0 Y70 K0
R61 G178 B112
2.5G 6.5/10

綠色是受到眾人喜愛的顏色之一，也被大眾認為是和諧且療癒的顏色。光是看到就能夠調節身體和眼睛的狀況等，有著對身心都不錯的心理效果。綠色的配色會根據組合顏色不同，而展現各式各樣的面貌。這與它是中性色、同時又是暖色，因此容易受到冷色影響有關。

衣服的印象

會對看到衣服顏色的人
傳遞的印象

給對方的訊息

・想要更加友好
・想要和平共處
・一起放鬆心情吧
・想看起來與眾不同

配色印象

根據理論的配色方針
配色與印象

綠色的配色指引及印象

新鮮、爽朗

白色與綠色的搭配會讓人聯想到蔬菜的新鮮。

→ **清新**

加上黃綠色之後，會更加強調年輕未成熟的印象。

開朗、運動感

綠色的生命力再加上黃色，更加開朗。

→ **開朗、嘉年華**

加上紅色的力量之後，就會表現出像是嘉年華般地快樂氣氛。

冷酷、冷淡

中性色的綠色受到灰色的影響，讓人感覺冷酷。

→ **冷酷、都會的**

加上藍色之後，就出現了都會的冷淡感覺。

※因為印象的感受方式與記憶有所連結，因此每個人的感受程度並不一樣，不會所有人都感受到同樣的東西。

代表顏色

介紹綠色系中，
一定要記住的具代表性顏色

祖母綠
C98 M0 Y74 K0
R0 G159 B108
7.5G 6/8

綠色的寶石顏色，知名的綠色。在各種綠色中，最受歡迎。

深綠色
C95 M0 Y85 K60
R0 G87 B45
5G 3/8

在《新古今和歌集》中也有登場過的顏色。從古時就被眾人所熟悉的深綠色。

若草色
C67 M12 Y99 K0
R91 G164 B52
7.5GY 6/10

夏天的草或是樹葉的顏色。JIS標準的若草色會更偏黃綠色。

藍色

單色印象／服裝的印象／配色印象／代表色

單色印象

顏色的單色印象
語言、視覺、心理印象

語言印象	視覺印象	心理印象
・冷淡	・運動	〈青色〉
・集中力	・海洋	・協調性
・誠實	・天空	・愛情
・冷靜	・水	・創造性
・優雅	・青金石	〈群青色〉
・知性		・協調性
		・保守
		・不穩定

◎藍色

藍色／JIS
C100 M10 Y0 K15
R0 G138 B204
10B 4/14

藍色是在世界上受到喜愛的顏色，在日本也是，因為會在不同地方使用到此顏色，因此有著相當多的意象。像是青色般的明亮藍色或是群青色般的深藍色，顏色的意象以及傳遞給人的印象也會不一樣。藍色的配色印象也非常多樣豐富。

衣服的印象

會對看到衣服顏色的人
傳遞的印象

給對方的訊息

〈青色〉
・想解決問題
・想進行創作活動

〈群青色〉
・想互相協調
・不想做引人注目的事情
・想要冷靜

配色印象

根據理論的配色方針
配色與印象

藍色的配色指引及印象

聰明、年輕 → **銳利、敏銳**

藍色會帶有白色的稚嫩，而轉化成聰明、年輕的印象。

加上藍綠色後，就會強調藍色冷靜、集中的印象。

好動 → **運動**

受到有躍動感的紅色影響，容易給人好動的印象。

這是一種會讓人聯想到運動的顏色，會從動與靜之間的落差感受到激情。

不可思議 → **奧妙、神祕**

藍色會帶有紫色的神祕感，散發不可思議的氛圍。

加上濃淡不一的紫色之後，就會提高神祕的要素。

※因為印象的感受方式與記憶有所連結，因此每個人的感受程度並不一樣，不會所有人都感受到同樣的東西。

代表顏色

介紹藍色系中，
一定要記住的具代表性顏色

鈷藍色
C100 M50 Y0 K0
R0 G104 B182
1PB 4/14

19世紀在繪畫界風靡一時的藍色。在顏料中也相當知名。

皇家藍
C92 M70 Y0 K0
R11 G79 B161
5PB 4/11

英國皇室使用的藍色。也是代表著氣質的顏色。

新橋色
C90 M0 Y31 K0
R0 G166 B184
8BG 5/8

曾經因為是新橋藝伎穿著的和服顏色而蔚為流行，是一種鮮豔的藍綠色。

紫色

單色印象

顏色的單色印象
語言、視覺、心理印象

◎紫色

紫色／JIS
C52 M80 Y0 K10
R140 G72 B151
7.5P 5/12

語言印象	視覺印象	心理印象
・不穩定	・和服	・感性的
・優雅	・和風	・雙面性
・高貴	・菖蒲	・創造的
・神祕的	・繡球花	
・藝術	・紫水晶	
・華貴		
・異國情調		

因為紫色是混合了動態紅色及靜態藍色，因此特徵是帶有雙面性的意象。好惡有著很大的差距，印象也相當兩極。當然，配色的意象能給人高貴且優雅的感受，也是一種可以變得既刺激又帶有狂野氛圍的顏色。根據搭配的顏色，可以產生異國情調或是充滿和風此種給人極大落差的印象。

衣服的印象

會對看到衣服顏色的人
傳遞的印象

給對方的訊息

〈深紫色〉
- 個性十足
- 希望注意到我的煩惱

〈亮紫色〉
- 個性細膩
- 希望受到鼓舞

配色印象

根據理論的配色方針
配色與印象

紫色的配色指引及印象

女性的

搭配有女人味的淡粉紅色後，就會變成具有女性特質的印象。

有氣質、高雅

加入灰色之後，就會令人感覺有著溫柔高雅的氛圍。

性感

在女性特質的印象上加入紅色之後，就會變得性感。在充滿刺激的搭配中加入粉紅色也有相同的作用。

刺激的

因為紅色的影響，紫色給人的神祕感會充滿魅力。

異國情調（民族風）

與沉著的黃色搭配在一起就會營造出異國情調。

異國情調（神祕感）

加入沉著的綠色之後，異國情調感更為增強，也會給人一股神祕的氛圍。

※因為印象的感受方式與記憶有所連結，因此每個人的感受程度並不一樣，不會所有人都感受到同樣的東西。

代表顏色

介紹紫色系中，
一定要記住的具代表性顏色

藕合色
C50 M70 Y0 K0
R144 G92 B162
5P 6/10

此顏色是來自人類首次製造的合成染料的顏色。

紫堇色
C65 M72 Y0 K0
R112 G84 B160
2.5P 5/10

從以前就使用至今，紫色的代名詞。紫堇花的顏色。

龍膽色
C50 M50 Y10 K0
R142 G129 B176
10PB 6/6

代表秋天，稍微帶一點藍色的花色。

白色

單色印象

顏色的單色印象
語言、視覺、心理印象

◎白色

白色／JIS
C0 M 0 Y1 K0
R255 G255 B253
N 9.5

語言印象	視覺印象	心理印象
・年輕	・婚禮	・努力向上的人
・清新感	・雪	・對美的意識
・冷淡	・雲	・裝腔作勢
・純粹	・過年*	
・新鮮		
・明亮		
・樂觀		

白色是一種極端的顏色，有時候會給人強烈的冷淡印象，但有時跟其他顏色搭配後，也會融入該色而給人溫柔感。與粉臘色的搭配性最好，不管是與哪一種粉臘色搭配都會給人溫柔的感受。白色擁有能襯托其他顏色的特質，根據搭配的顏色，印象會產生相當大的變化。

衣服的印象

會對看到衣服顏色的人傳遞的印象

給對方的訊息

- 想看起來更美
- 想看起來變年輕
- 我很潔淨喔
- 想與他人保持距離
- 沒有特別想說的事情

* 譯註：此為日本習俗。

配色印象

根據理論的配色方針
配色與印象

白色的配色指引及印象

可愛、溫柔

白色容易融入粉紅色的溫柔中。

羅曼蒂克

加上淡黃綠色之後，和原本充滿夢幻的印象相比，更給人細巧的感覺。

溫柔、孩子氣

加入珊瑚粉紅色之後，整體會包圍著柔和的印象，接著再由白色來增強效果。

銳利、正式

白色與黑色之間的強烈對比會製造出幹練的印象。

聰明、年輕

藍色會帶有白色的年輕氣息，能轉化成聰明及年輕的印象。

年輕、稚嫩

改以水色搭配之後，會減少白色的銳利感，變成溫柔又稚嫩的印象。

※因為印象的感受方式與記憶有所連結，因此每個人的感受程度並不一樣，不會所有人都感受到同樣的東西。

代表顏色

介紹白色系中，
一定要記住的具代表性顏色

雪白色
C3 M0 Y0 K0
R249 G252 B255
N9.5

代表雪的白色。帶有淡淡的藍色。

鉛白色
C3 M0 Y3 K0
R249 G252 B250
N9

燃燒鉛之後會出現的顏色，自古使用至今的一種人工的白色顏料。

珍珠白
C0 M0 Y10 K18
R223 G222 B209
7.5Y 8/1

命名自於珍珠的白色。除了此色之外，還有很多其他來自珍珠的顏色。

單色印象

顏色的單色印象
語言、視覺、心理印象

語言印象	視覺印象	心理印象
・昏暗	・正式	・防衛心
・威嚴	・墨水	・不安感
・強大	・夜晚	・給人壓力
・高級感	・鐵	
・不安	・葬儀	
・不吉利	・現代設計	

◎黑色

黑色／JIS
C30 M30 Y0 K100
R2 G1 B12
N1.5

黑色會給人不吉利、不安等負面印象，但也有著高級感、現代感等的正面印象。是一種非常強力的顏色，有著會強調鄰近色印象的效果。根據搭配的顏色，會使氣氛瞬間扭轉。

衣服的印象

會對看到衣服顏色的人
傳遞的印象

給對方的訊息

・想要安靜地度過
・只想做自己想做的事情
・希望看起來顯瘦

配色印象

根據理論的配色方針
配色與印象

黑色的配色指引及印象

大膽、劇烈

黑色會強化搭配色的印象，而會強調出紅色的強烈及激情。

厚重、傳統

將紅色的色調降低之後，就會轉變成帶有厚重感以及傳統氛圍的印象。

高級感

再加入代替金色的深黃色之後，會產生高級的氛圍。

理智的

強調帶有知性印象的深藍色。

情色、可愛

強化紅紫色的女性印象。

華貴、性感

加入紫色之後，會給人絢麗的印象。和紫色、粉紅色及紅色相較之下，更顯成熟性感。

※因為印象的感受方式與記憶有所連結，因此每個人的感受程度並不一樣，不會所有人都感受到同樣的東西。

代表顏色

介紹黑色系中，
一定要記住的具代表性顏色

燈黑色
C0 M10 Y10 K100
R36 G23 B13
N1

以煤燈中的煤為原料製成的黑色顏料。

黑橡色
C78 M71 Y63 K28
R64 G67 B73
5PB 3/1

熬煮橡實後，以鐵媒染製法而染製出來的顏色。橡是麻櫟的古名。

石灰色
C5 M5 Y0 K75
R97 G95 B98
2.5PB 4/1

在日本也稱為石板色。是灰色中最深、接近黑色的顏色。

十二單的配色

日本的傳統配色「襲」

日本的傳統配色

日本有著非常多顏色的組合、搭配以及名稱都已經決定、定型化的配色。知名的配色中，有一種配色稱為「襲色目」。

這是源於平安時代宮廷的人們運用自然界色彩搭配後創造出來的配色，這種配色方式並不是自由選擇顏色來搭配，而是嚴格規定要使用已經搭配好的顏色。

在平安時代末期，原則上平時是穿著五件衣物，而在特別的場合則是會疊穿十二件不同顏色的衣物來搭配，這就是知名的「十二單」。這個時代的貴族們極盡奢華，據說這樣的穿搭也是當時華貴的象徵之一。

另外，可以猜想因為京都的風土民情，冬天特別冷也是出現這種穿衣方式的理由之一，而在穿著時是有既定順序的，稱為「襲色目」。

現代的十二單

到了現代，十二單只有在天皇即位的正殿之儀上，才會由皇后以及女性皇族穿著。

皇族的十二單中，大多會使用紫色，雅子皇后所穿著的十二單中，最明顯的特徵就是「萌黃色」。為與神聖的白色產生對比，而穿著在白色下面。

「萌黃色」指的是初春時剛萌芽的嫩葉顏色，也是新芽剛萌發的顏色。由黃色轉為萌黃色，象徵著新生命誕生，是一種會讓人決心踏出全新一步的顏色。

襲色目

享受組合色彩的樂趣

山吹

紅梅的氣味

躑躅

花橘

紫的淡樣

移菊

松重

赤紅葉

根據文獻不同，顏色的搭配方式及色目也會有所不同。

皇后的十二單印象

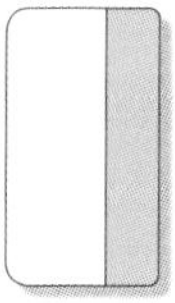

上衣

五衣

五衣指的是穿在裡面的衣服。皇后的十二單中最具特徵的是上衣的「萌黃色」。

萌黃色
C40 M0 Y83 K0
R174 G208 B70
4GY 7/9

依據季節的疊穿①

春／夏

平安時代，日本宮中的女性在穿著袿*時，也會透過內外衣物的組合穿搭來賞玩配色。

雖然有著一整年都適合使用的顏色，不過根據季節不同選擇相應配色是一大特點。

可以想見，當時的人們是想透過將自然景色擷取下來進行顏色搭配，來過著有四季更迭感的風雅生活吧。

相較於「襲色目」是把複數的顏色重疊，此處是以「疊穿」（重ね，kasane）的方式來表現穿搭。

此頁介紹的是春、夏，次兩頁介紹的則是秋天、冬天以及不論季節都適宜的疊穿形式（雜）。根據文獻不同，有時候顏色也會有所不同。

＊ 編註：袿（ㄍㄨㄟ）為日本古代貴族的內衣。

＊根據文獻不同，顏色的組合或是色目會有所不同。
①與②為文獻不同時的不同顏色搭配。

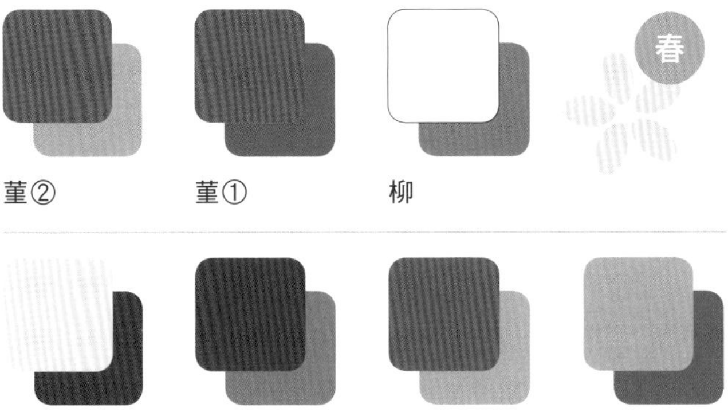

柳　菫①　菫②

藤①　藤②　躑躅　梅

外層色與內層色的搭配

山吹②	山吹①	櫻	梅之衣
卯之花	葵		若草
杜若	撫子	楝	菖蒲
百合	蟬之羽②	蟬之羽①	桔梗
		若苗	苗色

依據季節的疊穿②

秋／冬／雜

此兩頁介紹的是秋天與冬天的「疊穿色目」，以及無論季節都能穿著的色目「雜」的部分。

根據文獻不同，顏色也會有所不同。

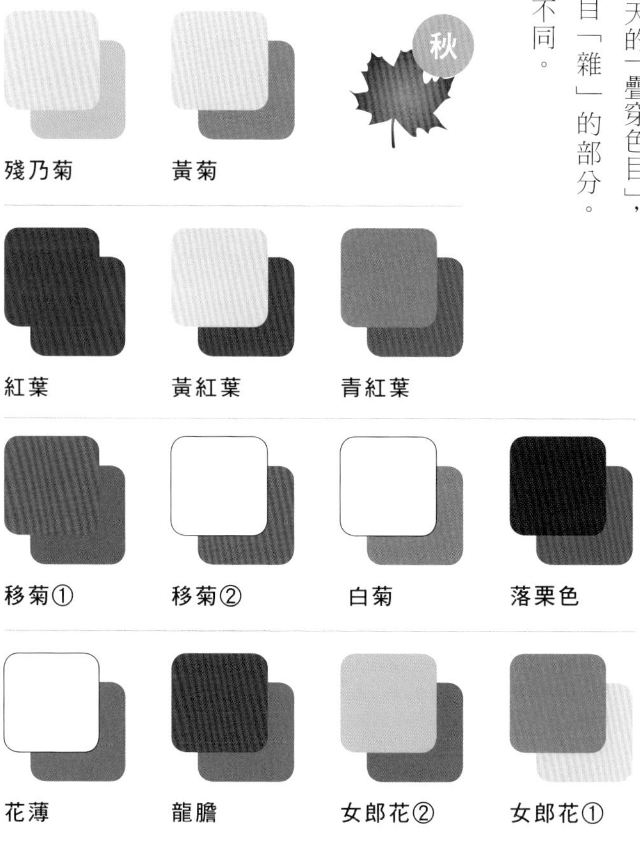

外層色與
內層色的搭配

＊ ①與②為文獻不同時的顏色搭配。
即使是同一種類色，當季節變化時，名稱也會產生變化。

Column

提升色彩力⑤

色彩表現力

可以讓顏色表現出豐富樣貌的能力，稱為「色彩表現力」。

在第五章中，練習了以配色來產生印象，那麼此頁就來練習反過來從印象詞彙開始，以理論的方式組合顏色吧。

以「帥氣的配色」以及「好像很好吃的配色」來練習看看。方法有兩種：考慮單色印象後再組合，或是從配色想像既有的印象。

加入顏色與印象，如果有事先學過色彩調和理論或是搭配理論的話，就可以更完美應用了。

在第六章的 P.296 中，也介紹了色彩表現中所需要的三個重點（傳達性、機能性、大眾化），也請合併參考。

提升色彩力 小測驗

Q1. 給人「開朗」印象的顏色是？

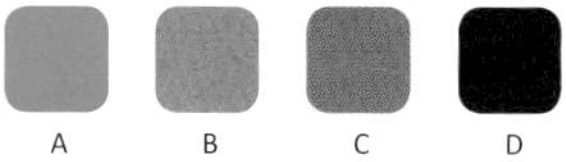

Q2. 給人最「開心」印象的配色是？

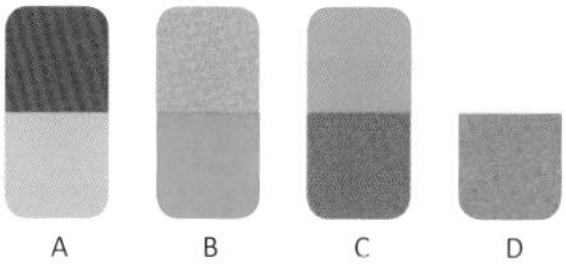

答案：Q1：B　Q2：D　＊每個人的印象都會有所差異，因此並沒有標準答案。

第6章

顏色的可能性

顏色中隱藏著各種可能性。首先，會介紹顏色是如何被活用及應用的，接下來則會談顏色未來的可能，跟著綠色神一起來思考唷！

色彩心理的應用與可能性

色彩心理是如何應用的呢？

應用色彩心理的場域

到目前為止，介紹了色彩心理中各式各樣的顏色效果及性質，而在第六章中，要來解說色彩心理是在哪些領域被應用的，以此來統整目前所學習到的事物。**色彩心理其實早已各種活用在多元的場域中了**。

因為無法全部一一介紹，因此羅列一些具代表性的場域，例如在我們周邊最重要的場域「醫院」；平常就看得到的「企業」（製造商）商品開發及販售策略、生活娛樂中的「電影」，還會列舉給予色彩建議的「色彩分析」。由此來觀察我們在無意識的情況下，會如何使用顏色。

顏色的可能性

在第六章的後半部，則是要來探尋顏色的可能性以及未來的樣貌。整理了一部分人會有的「聯覺」、一部分女性會有的「四色型色覺」以及持續變化的「色名」。

另外，還會透過顏色來判讀人的內心層面，也會介紹活用顏色來改變個性以及人際關係的方法。

不只是自己，也請大方給予他人建議。活用色彩心理，走出自己的道路吧！

在第六章要學習的事物

色彩心理

① 應用色彩心理的現場

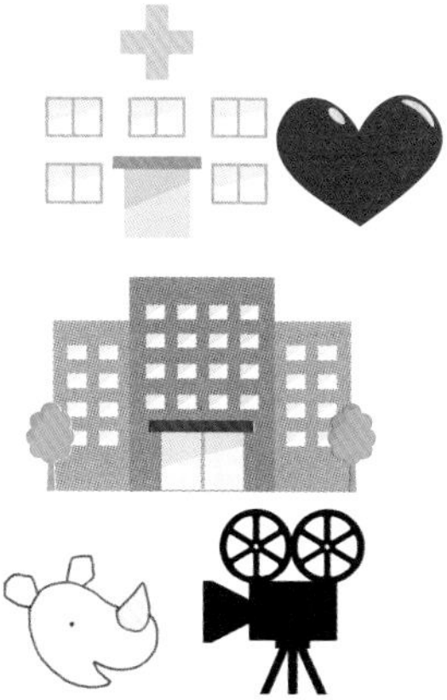

- 醫院
- 企業
- 電影
- 色彩分析

（P.274～P.283）

② 色彩的可能性

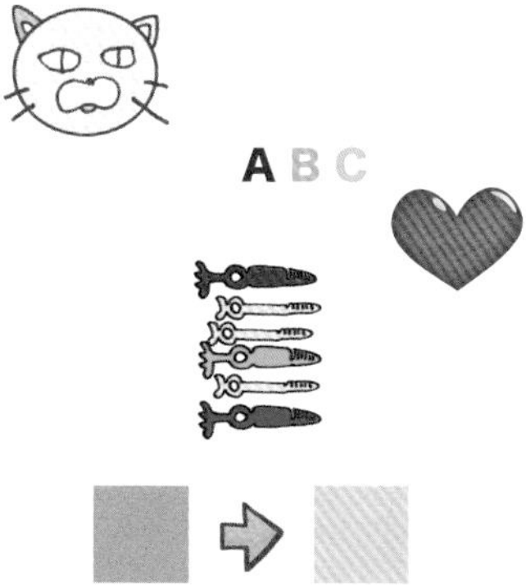

- 從文字看到顏色的感覺
- 擁有第四種色覺的女性
- 持續變化的色名
- 透過顏色看穿人的內心

（P.284～P.301）

醫院與色彩①

醫院的內裝／手術袍

◉降低緊張感的顏色

說到應用顏色的場域，首先會提到的就是醫院。目前醫院的牆壁多以白色為主流，這是因為過往所追求的是潔淨感，但是**後來發現白色是冷色，會提高患者的緊張感，導致自然治癒的能力降低**，於是開始尋求讓到醫院進行診治或是住院的患者長時間看冷色牆壁的改善方式。

因此，新建醫院牆壁的主流顏色就變成了米色，米色有著降低緊張感的作用。根據醫院不同，除了使用溫柔的米色之外，還會在指標上使用黃綠色或是綠色，在消除病人的不安感上下足了功夫。

另外，兒童醫院則大多會使用粉紅色的毛巾，從顏色上溫柔地展現對哺乳中的幼兒以及母親的呵護感。

◉手術袍為藍色的理由

醫師在進行診療時是穿著白色醫師袍，但在進行手術時，則是會穿著藍色的手術袍。這是因為醫師在手術時的視野，大多看著紅色血液，長時間注視後，眼前會出現心理補色的藍黑色影像，**運用藍色系就是為了要減輕這個心理補色**。

另外，藍色也可以提昇集中力，同時也是一個可以製造出放鬆效果的顏色。因此藍色手術袍還擔任著減輕手術中醫師心理負擔的角色。

在醫院中使用到的色彩

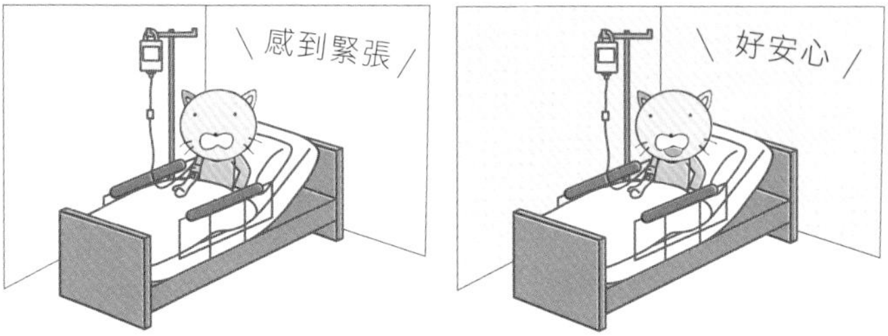

為了不讓病患緊張，醫院的牆壁從白色改為米色及象牙色系。

手術袍

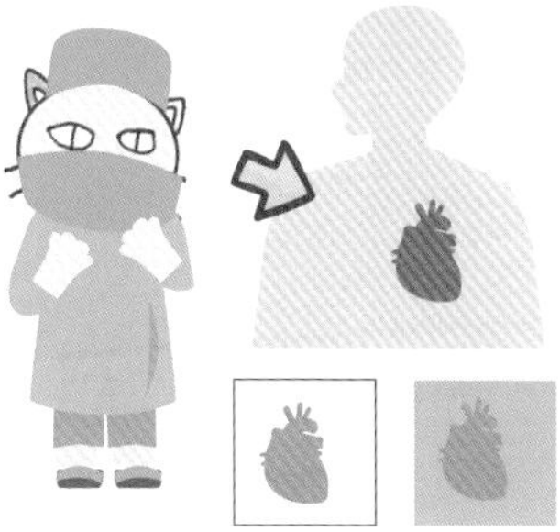

看到紅色血液或器官之後，再看白色會出現藍色的心理補色，穿著藍綠色的手術袍，就可以減輕補色效果。

兒童醫院

兒童醫院中會透過使用粉紅色的毛巾以及寢具，來讓嬰兒及母親獲得放鬆效果。

POINT 白袍效應

指的是即使在日常生活中血壓正常，進到醫院或是診間時，血壓就會升高的狀況。白色本來不是提高血壓的顏色，但是當穿白色衣服的人站到面前時，會因為恐懼及緊張感，出現血壓上升的狀況唷。

醫院與色彩 2

器具／制服／藥物的識別性

◎器具與制服的識別性

即使是醫院也會活用顏色的識別性。在醫院的手術室以及病房中，配置有醫療用的氣體，如果操作失誤，就會發生很嚴重的事情。

因此，**醫院不只運用文字來標示，還使用了顏色來區分**。

綠色是氧氣，用於呼吸療法或人工呼吸療法。藍色是一氧化二氮（笑氣），用於麻醉；黃色是醫療用的空氣，黑色則是抽吸空氣用的，另外心電圖的電極上也有規定要使用的顏色。雙手雙腳都要接上電極的時候，規定右手腕是紅色，左手腕是黃色，右腳踝是黑色，左腳踝則是綠色。有上色才能在緊急時瞬間辨識，不會錯接部位*。

◎藥物的識別性

在分辨藥物時，也活用了顏色，除了單靠名稱來分辨不同作用的藥物外，顏色也可以幫助辨識。

在緊急狀況時，不立刻服用提升或降低血壓的藥物的話，是有可能會致命的。事發當下絕對禁止搞錯藥品功效。

因此，為了要光憑顏色就能夠判斷，會刻意避免使用相似顏色，據說藥廠和醫院都會特別注意區分。

＊譯註：台灣的顏色搭配不同，請直接參考各大醫療院所住院病房中的設定。

有助於瞬間判斷的顏色

醫療用氣體的識別性

吸引
吸引

不只標示文字，
也設計成看到顏色
就能夠分辨的唷

藥物的識別性

你看

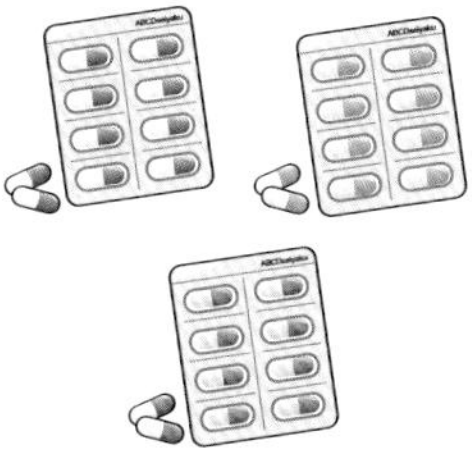

藥物的標籤設計成可以透過顏色瞬間判斷內容物。

可以透過顏色來判斷是何種藥物。

POINT 透過綠色來穩定母乳量？

有一個以母親為對象，觀察在白色、紅色及綠色的環境中，母乳的產量是否有變化的研究。結果發現在綠色的環境中，母親會穩定地產生一定量的母乳。據說綠色的鎮靜效果以及緩和緊張的能力，或許有助於減輕母親產後的壓力。

企業與色彩

商品開發現場的色彩心理

在商品開發時的應用

商品開發時也活用了色彩心理。

廠商日夜都在研究，在商品設計上使用何種顏色會連接到消費者的購買行為。同時，廠商也研究了消費者決定購買商品的機制，**發現超過八成的消費者在購買商品時，重視的是顏色**。

日本根據產業類別不同，重視的程度也不一致，並不是所有企業都會在色彩這一塊下功夫。在色彩行銷進步的美國，1950年代的罐裝飲料七喜，在將外包裝顏色中的黃色增加了15%後，消費者陸續給出了「檸檬風味增加變得更好喝」的評價。

另外，洗衣產品也是經常運用顏色戰略的一個產業。保潔（P&G）曾經在白色粉末的洗衣劑裡面加入藍色的顆粒，而在加入後，消費者給予了洗淨效果更優的評價。

顏色的禁忌漸漸地消失

日本曾有過設計成黃色的商品就會賣不好的時期，因為劣化褪色後的東西都會看起來發黃，使商品看起來廉價、變質。

但是，最近**這種禁忌逐漸消失，黃色的商品也慢慢地增加了**。可以推測是因擁有色彩繽紛感覺的人變多後，顏色的禁忌也漸漸地消失了的緣故。

企業所使用的色彩心理

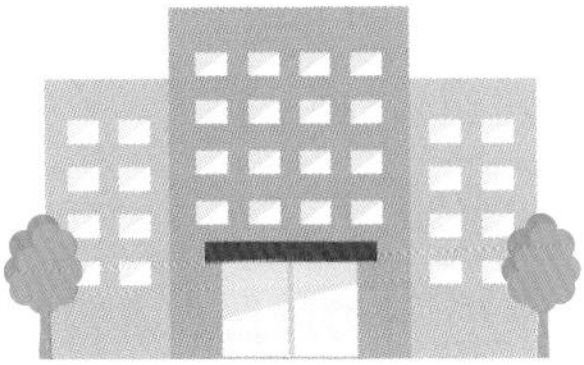

・行銷

企業活動中，使用色彩心理的領域非常多。

・商品開發

・設計

粉末洗衣劑的顆粒

在白色粉末洗劑中加入藍色顆粒後，產生更容易洗淨衣物的印象。

POINT 在其他業界中循環的顏色

汽車設計師為了獲得顏色的靈感，有時候會參考其他產業的商品目錄，因此從巧克力的目錄中誕生出了巧克力色的汽車。其他業界的設計師在看了汽車的目錄之後，又獲得了不同的想法。顏色的靈感像是這樣在來回循環唷！

電影與色彩

電影中的色彩心理

電影的色彩心理演出

很多電影都會巧妙地使用色彩，呈現各式各樣的心理效應。像是在電影整體畫面中使用特定的顏色來留下印象，業界也有在表現特定場面及感情時運用顏色的方法。

比如說在電影《駭客任務》（1999年，美國）中，虛擬與現實世界交織在一起，讓人很難辨別，但仔細觀察畫面的色調之後，就會發現綠色調就是在表現假想世界的。《超人特攻隊》（2004年，美國）中，透過將主角的制服從「藍、黑」轉變成「紅、黑」後，就傳達出威力更強的訊息了。

製作電影時，會找來「色彩設計」專家計算顏色的效應後使用，並不是什麼稀奇的事。在國外，也有專門擔任電影以及廣告色彩諮商的企業。

透過顏色來控制觀眾的情感

在好萊塢中，**會應用一個名為「顏色分級」（Color grading）的技術，配合電影的畫面演出來控制觀眾的感覺**。

戀愛電影就會刻意使用紅色系，恐怖電影則會使用藍色來增強觀眾的恐懼感。在登場人物遙望著某個東西的場景中，強調黃色，就會感覺像是在回憶的場景。把整體的色調轉暗，就會營造出接下來會有事件發生的氣氛。即使演員的演技沒有產生變化，但透過改變顏色，也會打造出不同印象。

看電影時留意畫面色調，就會變得更有趣

顏色分級

刻意用紅色的場景就代表著戀愛，有邂逅的預感。
藍色系則是會用於恐怖或是懸疑作品。

橘色與藍色的效應

當背景為藍色，將登場人物的色調調整成橘色時，人物就會特別被凸顯出來。

POINT 好萊塢的橘色與藍色

據說在好萊塢中最重視的是橘色與藍色的調整。將登場人物的肌膚以橘色補正，再將背景調整為藍色系時，因為補色相近的關係，登場人物就會更加突出。看電影的時候，可以多加留意這些顏色唷！

個人色彩

針對每個人適合顏色的提案

◎找出人與顏色之間的和諧關係的工作

很多學過色彩檢定或是顏色相關理論的人會選擇擔任色彩專家，活用所學知識來進行**個人色彩診斷**。

提出適合諮商者的顏色，或是擔任提升形象提案的工作，也有多種證照可供考取。色彩診斷會將人**診斷成四種類型，分別是春夏秋冬**，分成黃色基底（春、秋）的人以及藍色基底（夏、冬）的人，此源自約翰尼斯·伊登（Johannes Itten）的配色理論。

從具體的工作類型來說，例如在時尚、化妝等的領域中，能將此技能活用在商品銷售上，也有人可以運用在開發商品中。

而許多學習過顏色理論的人，會選擇擔任進行個人色彩診斷的色彩專家，但是市場已經呈現了稍微飽和的狀態，因此接受色彩診斷的客戶有著不容易變成熟客的傾向。

◎接下來的課題以及將來性

因此，接下來就必須要**進化轉型成美國主流的形象諮商形式**。

具體來說，現在大眾追求的是有能力從多觀點提出帶來好印象的手段。

不止要求顏色的專業性，在現代還需要具備心理學的知識。從講話方式、表情的表達方式到姿勢、對內心層面的性格建議等等，個人色彩正準備朝向新的領域發展。

個人色彩診斷

YELLOW BASE

SPRING

- 以黃色、綠色組成春天般綠意盎然的黃綠色，像是繽紛的花田般，用閃耀又溫暖的顏色來進行調和。
- 以純色或是明清色調為中心。

BLUE BASE

SUMMER

- 像是初夏的天空及海洋一樣清澈又爽朗的顏色，以帶有一點灰色調，清爽又潤澤豐富的顏色來進行調和。
- 以中間色、明清色調為中心。

YELLOW BASE

AUTUMN

- 豐富又溫暖人心的顏色讓人想起秋天結實纍纍的樣貌，象徵色為紅色。以情緒高昂的大地色來調和。
- 以中間色、暗清色調為中心。

BLUE BASE

WINTER

- 寒冷又清澈的冷色＆暗色，以鮮明的色彩來進行調和。
- 以純色、低彩度及高彩度的明清色調、暗清色調為中心。

POINT　春、夏、秋、冬

個人色彩指的不是人的顏色，而是適合的顏色。黃色基底的人可以再分類為「春天、秋天」，藍色基底的人也可以再分類為「夏天、冬天」。依照季節分成四種類型來進行診斷地唷！

從文字中感覺顏色的不可思議

色字聯覺

◉從文字中可以看到顏色

我們的視覺、聽覺、觸覺、味覺以及嗅覺都是獨立的感官，當感覺沒有獨立分開，而是連結到其他感覺的神經現象就稱為「聯覺」。

有人聽到音樂會看到顏色，也有人看到月曆的數字就感覺上面有顏色。據說聯覺有150種以上的型態。其中最多的是**看到文字或是數字時，感覺帶有顏色的現象（色字聯覺）。**

看到何種文字會感受到何種顏色，在每一位聯覺者身上似乎都有所不同，不過據說很多人看到「A」或是日文中的「あ」時都會回答是「紅色」。

有部分的研究雖解釋了聯覺的機制，但目前尚未有明確的解答。

◉聯覺的機制

剛出生沒多久的嬰兒用以掌管不同感覺的神經是結合在一起的，大約出生三個月後就會分離。有一個說法是當分離不完全時，就會讓人出現聯覺；也有研究者認為原因是在於大腦特定部位的損傷所引起的，另外也有研究認為是遺傳基因所帶來的現象。

雖然聯覺者的人數非常稀少，但最近發現其實並沒有想像中這麼罕見。也有人是後天才出現聯覺，或是逐漸增強聯覺的，也許這不是少數人才會擁有的感覺，有可能就出現在你我周遭的人身上也說不定。

顏色中看到文字

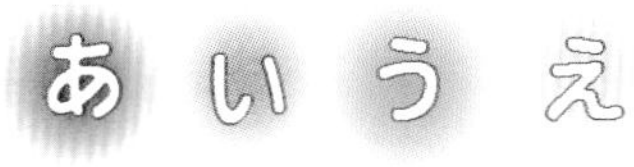

在文字的周圍看到顏色的光環，看到文字及數字時，會出現上面是帶有顏色的感覺（有人是實際上看到，也有人是腦中浮現顏色）。

聯覺有各式各樣的型態

從文字上看到顏色（色字）

從音樂中看到顏色（色聽）

也有人可以從對方的身形、表情產生聯覺，而感知到紅色、黃色及綠色等色彩，根據情感不同，會看到很強烈的顏色或是形狀的變化。

聯覺有各式各樣的種類，其中最多的是色字聯覺。

擁有聯覺的名人

據說作家宮澤賢治聽到音樂時，就會看到情景。在他的作品中，有非常多類似聯覺的表現方式，例如聽到風聲時感覺聽到文字等等的內容。據說音樂家李斯特以及畫家孟克、達文西也是聯覺者。

POINT 嬰兒的聯覺能力

遮住嬰兒的眼睛讓他吸吮奶嘴，接著把他吸過的奶嘴混入形狀不同的奶嘴時，據說嬰兒仍會看向他吸過的奶嘴，不只會用眼睛看，也會用嘴巴來識別物體。據說這是不同感覺間有神經結合才會出現的現象唷！

擁有第四色覺的女性

四色型色覺

◉色覺異常

據說約5%的日本男性被診斷出有色覺異常，有色覺異常的人比較不容易分辨紅色與綠色的不同。

這是因為他們的眼睛中缺乏會對中長波長產生強烈反應的M錐體或是L錐體，或是這些錐體有機能障礙的緣故。然而，女性中有色覺異常的人只有不到1%。

◉第四色覺

之所以男女之間會形成色覺異常人數比例的差異，是因為染色體不同的緣故。人有22對的體染色體以及1對的性染色體。女性的性染色體為XX，男性的性染色體為XY，也就是X染色體的數量不同。

M錐體及L錐體的遺傳資訊都位於X染色體上，當其中一個基因產生異常時，因為女性擁有兩個X染色體，只要有一個正常，就不會以顯性基因的方式出現。相反地，男性的X染色體只有一個，當基因出現異常時，就容易產生色覺異常。

另外，也有研究報告指出L錐體有兩種類型，感度高峰只有4～7nm的微弱差距。女性可能在遺傳上擁有兩種L錐體，雖然非常稀有，但的確有可能會因此出現擁有總共4種不同種類錐體的人。

據說擁有四色型色覺的人可以分辨出一般人所看不出來的微妙顏色差異。

男女看見東西方式不同的可能性

四色型色覺遺傳上的性別差異

有兩種對應感度高峰不一樣的L錐體。

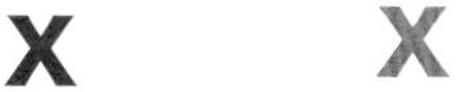

製造L錐體的基因位於X染色體。

女性

這些人可能會有四色型色覺。

男性

男性不可能擁有四色型色覺。

感度的高峰點不一樣

高峰處有差異。

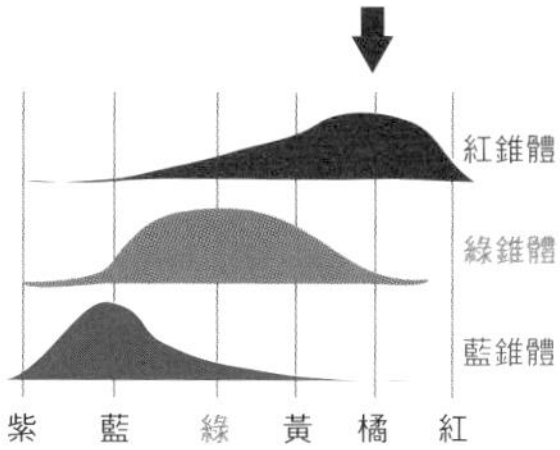

※顏色為概念色。

四色型色覺擁有者的感覺

Q：下方哪一個是不同顏色。

若是四色型色覺擁有者的話，就有可能知道這些顏色之間的差異唷。

答案是「A」。稍微有一點點偏黃。

POINT 女性對紅色較敏感

因為社會習慣的緣故，女性經常從兒童時期開始，就無視本人的喜好，被理所當然地強迫選擇紅色系的洋裝以及持有物品。可以由此推測，因為大腦學習機制的發展而對紅色特別敏感（有個人差異）。

變化的色名與顏色

隨著時代變化的顏色

顏色會隨著時代不同經常產生變化。也許有些人不會對變化特別敏感，但對正在學習色彩心理的人來說，應該要知道大多數人的認知變化以及過程。

◉粉紅色的變化

應該有很多人把粉紅色理解成「把紅色調亮之後的顏色」以及「紅色混入白色的顏色」。但是左頁的粉紅色（C），是把孟塞爾數值中的紅色（R）明度拉高之後的顏色，卻有很多人會覺得這是偏黃的粉紅色。實際上，**大多數人容易認知成粉紅色的顏色並不是紅色，而是提高紅紫（RP）亮度後，靠近藍色的粉紅色**（A）以及（D）。

以前的粉紅色大多都是由紅色拉高明度轉變而來的，最近則是為求好看，相當多的商業製品改用拉高紅紫明度的粉紅色，也因此認為該顏色才是粉紅色的人也跟著增加（56,668人中，約84%的人認為由紅紫色做出來的粉紅色更像粉紅色）。

◉黃色的變化

就像前面提到的，被認知為黃色的顏色也正在變化。日本的黃色是在減法混色（CMY）原色Y100%的顏色中加入一點點M，變成稍微帶有紅色的黃色（B），但現在把**Y100%（D）認知為黃色的人正在增加。**（59,015人中，約74%的人認為（D）是最像黃色的顏色。資料都來自於Paw Paw Poroduction所進行的調查、2019）

持續變化的顏色

粉紅色的變化

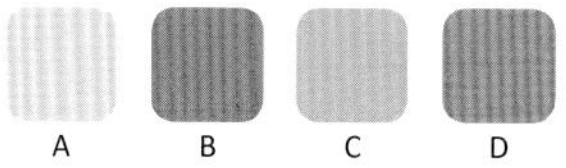

A：紅紫色（洋紅色的30%）
B：從5R稍微靠近紅紫色的粉紅色
C：把5R調淡而成的粉紅色
D：紅紫色（洋紅色的65%）

當詢問「你認為的粉紅色是哪個顏色時」，有84%的人都回答由紅紫色轉變過來的A及D是「粉紅色」。

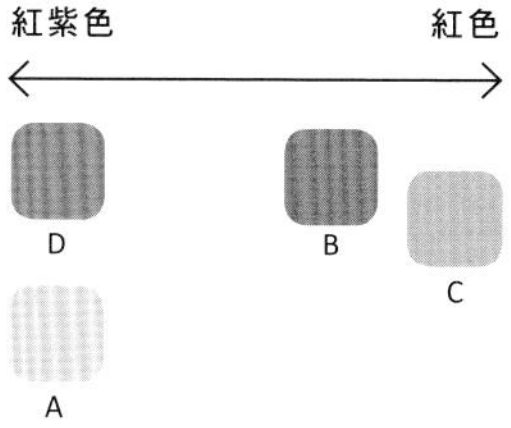

感覺最像
粉紅色的顏色
A：50%
B：14%
C：2%
D：34%

把洋紅色當作粉紅色來使用的商品，外觀很好看，因此將其視作粉紅色的人數才會增加。

黃色的變化

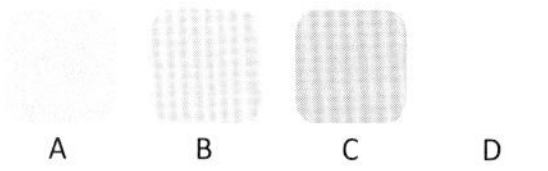

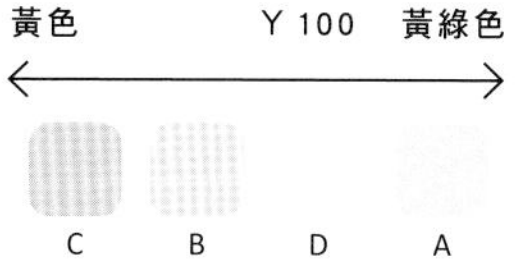

感覺最像
黃色的顏色
A：4%
B：19%
C：3%
D：74%

當詢問「你認為的黃色是哪一個顏色時」，有74%的人都回答D的顏色（黃100%）是「黃色」。

POINT **喜好藍色的男女差異**

藍色是男女都喜歡的顏色，不過男性與女性喜歡的藍色不一樣喔。男性會傾向喜歡像是青色那樣，明亮又鮮豔的藍色，女性則會傾向喜歡像是群青色那樣，稍微偏紫一點的藍色唷（這是因為最近的女性喜歡紫色的關係）。

讓人際關係變好的顏色

色彩溝通

歷任的美國總統都會活用色彩所擁有的印象力量，擅長於把自己想說的事傳達給大多數的人。在就職演說或是想要向國民布達某件事情的時候，會穿搭閃耀著與眾不同、充滿熱情的純紅色領帶。國民會因此感受到強烈領導者的存在感，藉此得到強力的支持。

因此，探究穿著什麼樣子的衣服搭配何種顏色時，也要同時思考想從服飾搭配傳達什麼訊息出去，這是非常重要的。

◉色彩溝通

為了要讓人際關係變好，試著活用色彩看看吧。在此時，有幾個希望注意的重點。

・初次見面

首次見面時，不要使用紺色、白色及黑色比較好。雖然很多人在初次見面時，會在策略上刻意選擇這些顏色，但可能會給對方較冷淡的印象。

・想要關係升溫

試著使用橘色系到粉紅色系的顏色、杏色或是鮭魚粉紅色之類相關的顏色吧。

・想要道歉

若想要讓人感受到真心誠意的道歉，推薦紺色系的顏色，藍色系的冷靜效應可以安撫對方的憤怒，白色襯衫也可以表達出誠實的意象，但得特別留意在道歉的時候，男性穿著粉紅色是ＮＧ的。

色彩溝通時的推薦顏色

初次見面

首次見面時，很容易選擇紺色、白色及黑色等顏色，但卻會給人緊張、無法溝通及冷淡的印象。推薦選擇能展現自己的顏色，讓顏色述說你的魅力。

想要關係升溫

推薦粉紅色、橘色及杏色等給人柔軟印象的暖色系，會表現出容易親近的感覺。對於喜好新事物的人來說，黃色能刺激視覺，讓對方留下深刻印象。

想要道歉

道歉的時候，顏色應該低調，不要想透過顏色來暗示些什麼會比較好。推薦可以讓對方冷靜的紺色，或是保護自己的黑色。

POINT 映射

想要跟對方關係變好的時候，除了注意顏色的選擇之外，可以試著注意「映射」，這指的是模仿對方的動作。比如說對方喝飲料時，自己也跟著喝等等。配合對方說話的速度，也可以讓對方心情變好唷！

用顏色改變個性

變成自己所嚮往的個性

◎透過顏色，也能改變個性

筆者所進行的色彩心理研究中，透過分析數百人的個性，以系統的方式整理了顏色的喜好與個性的關係。約**8成的人會從顏色上受到某種程度的個性影響，由此即能得知，顏色的喜好與個性之間，有一定程度的相互關係**。

另外，不光能從顏色的喜好窺視性格的傾向，目前也正在持續研究如何使用顏色來改變個性。顏色可以作為改變性格的工具是十分可期的，效應有以下幾點：

①顏色不只影響淺層意識，也會影響到深層意識。

②為了改變個性，重要的是「環境」產生變化。運用顏色來意識到身處於新的環境。

③根據顏色不同而促使反應產生變化，也會再進一步成為改變性格的契機。

有特定個性傾向的人會追求特定的顏色。因為「顏色的喜好」以及「個性」會互相影響，如果是要改變「個性」，那麼改變「顏色的喜好」也是不錯的方向。人的一生中，會因為環境改變及各種體驗而改變對顏色的喜好，同時個性也會隨之產生變化。而這也可以透過「改變持有物品的顏色」及「改變服裝的顏色」來模擬那些事件，刻意地促使個性產生改變。

喜歡的顏色
及個性的變遷

顏色的喜好會產生變化

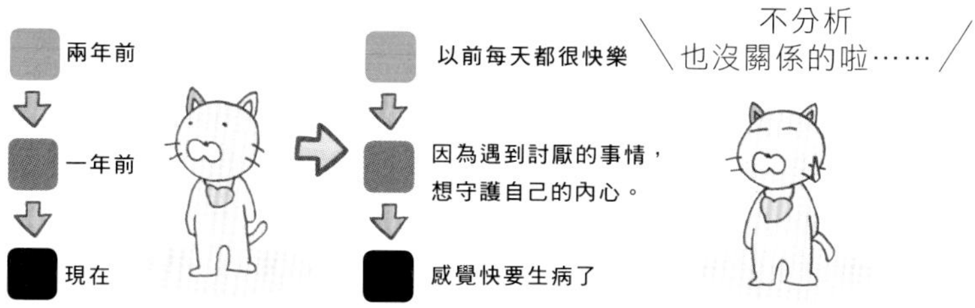

顏色的喜好會產生變化。當調查為何會產生變化的時候，發現可能是因為環境產生變化，而導致個性改變。根據環境不同，個性會產生變化，因為個性產生變化，顏色的喜好也同時跟著變化。

反過來說，改變顏色喜好的話，
也有可能改變個性。

為什麼顏色能夠改變個性呢？

顏色會對心靈深處產生影響。

顏色的變化容易被感受成環境的變化。

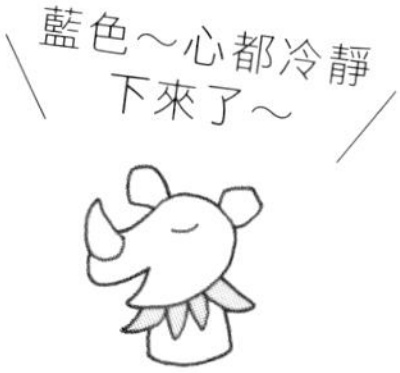

顏色的變化容易催生反應上的變化，也容易連結到個性上的變化。

POINT 個性的自我分析

自己的個性是一種自己不容易理解的部分。有很多人會認為自己的個性很差，但其實不是這樣的喔。為了要正確理解自己的個性，重要的是從喜好的顏色來看看自己的心，以為是缺點的地方，也有可能會變成優點喔。

心靈重整的方法

讓心回歸的顏色使用方式

任誰都會有失落的時候，這種時候就讓顏色來拯救你。

我們的意識分成「顯意識」（表層意識）以及「潛意識」（深層意識），有時候不管在顯意識中多麼想要重新站起來，都還是非常困難。**顏色的刺激即使是對深層潛意識也都還會產生作用**。以下整理了當陷入深沉的失落時，讓心回歸的方法。

① 自我暗示

不可以小看自我暗示的方法，當自己已然位於一個非常辛苦的處境時，再繼續待下去，也不會有任何進展。因此，試著站在鏡子面前對自己說「該前進了吧。」此時，發出聲音說出自己的名字：「〇〇〇，謝謝你」並重複三次。

② 使用顏色重新再站起來

從第22頁「提振心情的顏色」、第46頁「想要放鬆」、第48頁「想要被治癒」及第56頁「想防止壓力累積」中，選擇自己覺得最舒服的顏色。一邊看著那個顏色，一邊想像著自己體內正在受到淨化、恢復原本狀態的視覺印象。把手機殼、手記本以及包包等身邊的物品都換成能舒心顏色也是個不錯的方式。

③ 要有事情順利進展的想像

讓顏色的力量在自己體內循環，在心中描繪效果提升的印象吧。

顏色能拯救我們的心靈

當失落時，
顏色會拯救
我們。

①自我暗示

站在鏡子面前，對努力過的自己説聲「謝謝」，接著再對自己説「是我的話，一定可以恢復元氣的」。

②使用顏色重新站起來

根據目的選擇如療癒及提振心情的顏色是有效的。另外，也試著把身邊的物品換成那些顏色吧，或使用自己喜歡的顏色也OK。

③要有事情順利進展的想像

讓顏色的力量在自己的體內循環，帶著效果正在提升的想像。只是強硬地把情緒拉起來，也不會真正地受到治癒，需要從心靈深處提升，而顏色對此是具有效用的。

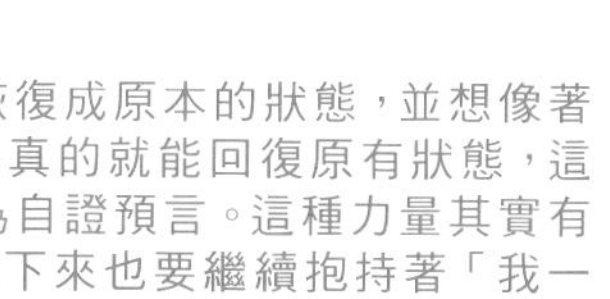

POINT 自證預言

自己認為自己會恢復成原本的狀態，並想像著恢復後的印象時，真的就能回復原有狀態，這在心理學上就稱為自證預言。這種力量其實有強大的作用喔。接下來也要繼續抱持著「我一定可以的」想像（恢復狀態的想像）唷。

未來應尋求的色彩表現

考慮時代的色彩使用方式

接下來整理了面對顏色時，需要注意到的幾個重點，試著思考表現色彩的未來方向吧。

◉ 傳達性

在商業領域中所使用的顏色應該具備欲傳達某種訊息的特質，不能無視這部分而只針對外觀進行評價。試著思考為什麼要使用這個顏色吧，「透過顏色想要傳達什麼呢」、「想要表達什麼形象」以及「是否為容易理解的表達方式」是非常重要的。

◉ 機能性

所有的設計都會要求考量到顏色的機能性，能配合機能的顏色就會變得更美，產生出容易使用的印象。比如說，介紹店家的傳單中，是否有善用顏色來凸顯商品概念、商品清單以及快速理解店家位置等色彩能發揮的機能性是很重要的。

◉ 大眾化

在設定顏色時，必須要想到這是要給各式各樣的人看的。我們身邊就有一個通用設計的範例——火車車站的指標。不只有顏色區分，還加入了車站編號以及標示系統，看顏色能理解、看數字也能理解，實現了「任何人都能看懂的設計」。

色彩表現的三個要點

・非常可愛
・感覺很安全

機能性

・是否容易看見
・是否顯眼

大眾化

無論性別、年齡或是國籍，任何人都能夠簡單理解，容易發現。

為了對應2017年國際環境，所有JIS規格的導引象形符號都進行了修訂。醫療院所的符號從黑白色改成了彩色。

POINT　根據對象改變顏色

和通用設計相反，當有限定對象時，就要以適合那些人的顏色展現方式來呈現唷。對於感官正在發育中的孩子來說，鮮豔的色彩是比較適合拿來傳達訊息的顏色。以女性為中心的指標也許可以選擇紅色系，男性的話也許可以選擇藍色系喔。

以自己的風格與顏色一同生活①

色彩與內心面對面

不要被顏色所左右，透過使用色彩心理來度過豐富的人生吧。此處整理了以自我風格和顏色一同生活的訣竅。

① 決定自我顏色

到目前為止，介紹了各式各樣的顏色及心理效用，這些介紹也可以說是為了讓各位決定自我顏色的前奏曲。

顏色的效用、顏色的意義，單憑直覺也沒有關係，**請把「我就是喜歡這種顏色」的色彩當作是專屬於自己的顏色**。

此時，不要用「紅色」或是「粉紅色」這類基本色的色名，而是使用像是「緋紅色」、「茜色」、「少女色」或是「撫子色」這種會想要在別人面前展現出來的色名吧。

② 找出對方的顏色

找到自己的顏色之後，也試著找看看對方的個人色吧。從對方的個性層面來想看看（P．60～P．75），**幫對方找出他覺得舒服的顏色**，試著從專家的角度為家人提出建議也不錯，幫對方想個特別色名也是很好的方式。

就像剛剛所提到的，將對方的魅力、優點放入顏色中，為他們取一個會令人開心的顏色暱稱，這樣的思考過程對自己也是有幫助的。

使用顏色活出自我❶

❶ 決定自我顏色

應該是容易
親近的橘色。
我應該不適合紅色，
果然還是用
粉紅色比較好

讀完這本書之後，你就是顏色的專家。是專家的話，重要的是透過輕鬆地講出自己喜歡的顏色，藉此代替名片來表達自己。這種習慣會幫助你建立自信。

你發現了自己真正的
內在了唷！
好耶

❷ 找出對方的顏色

你是
「純潔白色」
熊熊是代表和諧
以及和平象徵的
「常青色」

從家人以及朋友的個性傾向中，幫他們取個好聽的色名吧，對方一定會很開心的。

以自己的風格與顏色一同生活②

色彩與內心面對面

③ 獲取不輸給他人的知識

為了要活出自我，推薦大家培養出「這部分我有自信不會輸給任何人」的隨身武器。像是知道色彩的心理效用或是很自然地就可以侃侃而談顏色與個性之間的關係，都是可以當作獨特武器的。

當獲得了想要告訴別人的知識時，在潛意識中就會轉化成自信並提升對自己的評價，每當進行各式各樣的挑戰時，自信就會變成糧食。提升自我評價之後，就會認知到自我存在價值，進而提升「自尊情感」，接著就會變得不太在意他人的發言了。只要擁有一項不輸給他人的特質、優勢，就足以讓人挺起胸膛活下去，當人擁有了不會輸給他人的「自我特質」時，是會

閃閃發亮的。

④ 站在對方的角度思考

也許會有人會覺得，所謂的活出自我，就是毫無顧忌講出自己的所思所想，只做自己想做的事情就好，但其實答案是相反的。

不顧慮他人就只是單純的「任性」罷了。我們在表達某些事情必須要有對象，才能算是做到雙向溝通。顏色會在無聲的情形下，幫我們完成很多事情，要朝著思考對方會怎麼感受這些事情來使用顏色的力量！

使用顏色活出自我❷

❸ 獲取不輸給他人的知識

好煩惱，
在色彩心理的知識上，
我是有自信的說
是什麼呢？
看穿對方思緒的
力量嗎？

當擁有著像是「這個領域我不會輸給任何人」這樣專屬於自己的特質武器時，自尊情感就會提升，也不會動不動就與別人比較，可以勇敢地走自己的路。為了不要被他人影響，試著培養自我優勢吧。你可以把色彩心理的知識當作是獨一無二的武器來使用。

❹ 站在對方的角度思考

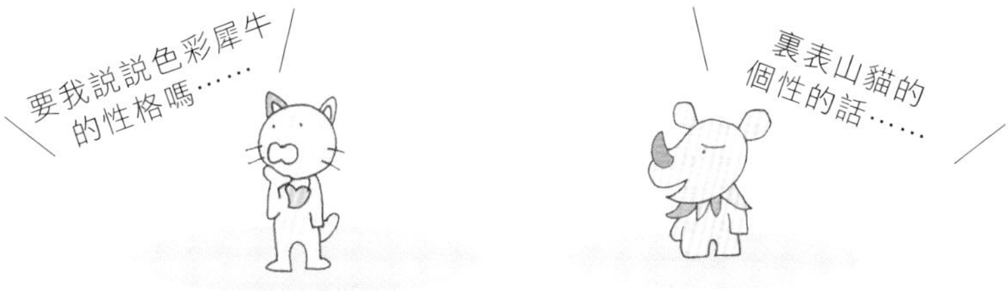
要我說說色彩犀牛
的性格嗎……
裏表山貓的
個性的話……

藉由多顧慮他人的事情來提升同理心能力，同理心可以連接到自我心靈的穩定。若以互補的方式來使用顏色的力量，估計會產生很強的效用。

尾聲

色彩神與色彩心理補習班的課程結束後，看到色彩犀牛和裏表山貓從紅通通的本堂走出來。

「好有趣喔～真的學了很多東西。」色彩犀牛說著。

裏表山貓接著說：「真的，都是之前不知道的事情。」

色彩犀牛以及裏表山貓臉上盡是滿足的神情。

「恭喜畢業。」

赤色神站在兩人眼前。

「哇，色彩犀牛變成粉紅色了。」

赤色神看著變成粉紅色的色彩犀牛說道。

「是的，還是覺得這個溫柔的顏色最適合我。」

「很好很好！擁有自己喜歡的顏色果然還是最好的。這就代表著擁有最像自己的顏色。」

裏表山貓看著變成粉紅色的色彩犀牛，不知道為什麼突然感覺有點落寞。

「裏表山貓也取回本心了啊。」

「咦？」裏表山貓露出了不可思議的表情。

「你自己看看項鍊的顏色吧。」

裏表山貓便低頭看了掛在脖子上的項鍊。

「哇，顏色回來了！」

原本顏色深沉的項鍊變成了穩重又溫柔的粉紅色。

「沒注意到嗎？在你學習顏色的時候，顏色就慢慢地變回來了。」

聽到這裡，裏表山貓以及色彩犀牛嘴巴都合不起來了。

「最後還有一件事情要說。」

「請說。」

「顏色的效用超越我們的想像，會在心靈深處產生各式各樣的效應，不可以小看顏色的力量。顏色的喜好會表現出心中的性格，知道喜好的顏色時，在了解個性上就會是很大的提示。透過理解顏色，就可以看清連自己也不認識的自己。使用顏色也能夠打動人性喔。」

「了解！」

「接下來，對於住在地球上的生物來說，還會有很多問題浮現，災害、疾病及事故等等眾多的問題等著解決。屆時，我們的心靈會容易被扭曲，進而增加相互攻擊的次數，大家的心也會惶惶不安。那時候，希望各位『色彩神與色彩心理補習班』的畢業生，可以運用顏色來保護自己的心、也幫助其他人的心。顏色不只是可以用於畫出美麗的圖畫，更能描繪出人心。顏色的可能性是無限大的。」

「收到！」

色彩犀牛和裏表山貓互相看向彼此的臉，顯露出些許沒有自信的表情。

「喂喂，想要變強、想要提起勇氣的時候，

要看的顏色是什麼顏色？」

「就是……像是胭脂紅或紅色等紅色系顏色。」

「那在你們面前的色彩神是誰呢？」

「赤色神。」

「有我在，就要有自信一點。」

「好的！」兩個人異口同聲道。

「顏色不只是用於畫出美麗的畫，還可以描繪人心」，這一句話深深地刻在了色彩犀牛的心中。

「葛格。」不知道從哪邊傳來了小朋友的聲音，不遠處看到有兩個影子朝著這邊移動。

小小的粉紅色及水色的犀牛氣喘吁吁地跑了過來。

「怎麼了？你們怎麼了？啊，這是我弟弟跟妹妹。」色彩犀牛說。

「三郎他、三郎他變成迷彩犀牛了。」

「什麼？三郎變成迷彩犀牛?!」

「三郎遇到霸凌了。」

「怎麼會這樣。」色彩犀牛嘆了口氣。

膽怯的色彩犀牛慢慢地變回了白色。

「天啊，又變回去了。」裏表山貓說。

「迷彩犀牛是什麼？」裏表山貓露出不可思議的表情問道。

「靈獸色彩犀牛是一種心靈非常細膩的生物，當失去自信時就會失去顏色，而且當心靈往更深處陷落時，會變成周圍的人都看不到的迷彩犀牛，整隻完全透明、看不到。」

赤色神代替明顯受到打擊的色彩犀牛回答著。

「迷彩的啊……。」裏表山貓驚訝道。

「怎麼辦才好？但是，我一定要做點什麼才行。一定要取回三郎的自信，憑藉顏色的力量來取回。」

色彩犀牛說完後，向赤色神深深地鞠躬後牽起弟弟的手，準備離開這個地方。

「等一下。」

赤色神叫住色彩犀牛。

「我去準備車子，你就坐車去吧。」

一台紅色的跑車在色彩犀牛的旁邊停下。

「我是色彩神執事。」

跑車旁邊站著一位穿著紅色西裝的男性。

「他是阿爾弗列特，負責開車。」

赤色神催促著目瞪口呆的色彩犀牛趕快上車。

「裏表山貓，你也一起來啦。」

色彩犀牛拉著裏表山貓的手一起坐進了後座。

阿爾弗列特提醒他們繫上安全帶，車子發動後快速地轉了彎，在本堂後面轉了一圈便消失在隧道的深處。

隧道中有一條紅色的道路，上面有一台紅色的跑車正在奔馳著。

「為什麼道路是紅色的呢？」裏表山貓說。

「其實一下就會到出口了，但就算是一下下也好，赤色神希望讓你們覺得搭乘的時間有拉長一點。」

阿爾弗列特回答道。

「那還真是謝了。」裏表山貓有點無奈地回答。

「犀牛的世界中也有霸凌喔。」

「有的，三郎是我們兄弟中最小的，是個非常溫柔的孩子。」

因為裏表山貓經常霸凌他人，突然覺得有點不太舒服。

「好，為了要跟對方的關係變好，使用顏色的力量，接下來就再送你們一個知識吧！」

赤色神瞬間從阿爾弗列特的旁邊露出臉來，讓色彩犀牛們以及裏表山貓嚇了一跳。

「咦？那是什麼呢？」

「呼呼呼，知道了，從現在開始到抵達目的地為止我會繼續授課。」

赤色神一臉得意地說著。

不過，那又是另外一回的故事了。

在紅色道路上奔馳的跑車加速了起來，紅色的道路持續延長，看起來越來越像是連接未來的紅地毯了。

色彩神一覽表

◎赤色神

正義感強的行動派，掌管紅色的神明。看到正在困擾的人或是動物時，會不由自主地前去幫忙。在色彩的神明中，歷史最悠久，像是領導人一般的存在，與人之間的關聯也相當地深。

◎黃色神

最喜歡新穎跟快樂事物的黃色神。有時候也會以惡作劇的方式來嚇人。明明就很喜歡醒目的事情，卻有點害羞，是很麻煩的神明。

◎綠色神

穩重的個性，重視協調的治癒系神明。經常待在自然之中，不常在人的面前顯現。總是保持自我步調，按照自己節奏前進的神明。

◎藍色神

缺乏自信，好像對什麼都有點害怕的膽小神明。無法用言語好好地解釋自己在想什麼，有時候會因無法清楚地給予建議或解說，而感到緊張。

◎紫色神

喜愛藝術的色彩之神。但是，個性有些不穩定的地方，會反覆地行動與思考。最近因為紫色人氣高漲的影響而變得忙碌，所以總是會莫名地感到絕望。

◎藍紫色神

被大家稱呼為「藍紫醬」，受大家愛戴的年輕神明，是紫色神的女兒。雖然現在是處於多愁善感的時期，不過和父親相比，仍算是相當穩定。

◎橙色神

非常開朗且經常歡歌的是橙色之神。擁有足以包容一切的偉大包容力，在神明中稱得上是母親般的存在，受到很多神明的仰慕。

結語

在日本有著色彩豐富的四季，一整年都能生活在景色不斷變化的色彩之中，這也是一個足以孕育出豐富色彩感受的環境。但是，即使是處於這種環境之中，大部分人也不一定會好好地活用顏色。

在美國，顏色策略相當成熟，不只是政治家，很多人也會個別活用色彩印象。心理學普及的中國，也有著以色彩心理為主題的電視節目。

因為色彩心理的歷史相當地淺，因此還是有很多人沒有辦法實際運用，我認為這非常可惜，但反過來說，也可以說擁有色彩心理的知識是非常有價值的。

此外，一般人的認知裡也存在著對色彩的誤解，我們會常從色名的單點方式來認知顏色，就像在本書內文中黃色神所提到的一樣，顏色本來就多是來自大自然，不是單點，而是一種範圍。

在本書中，提到非常多的顏色以及將顏色數值化，但這並不表示只有那個數字才是指定的顏色，根據辭典或是圖鑑不同，顏色也完全不一樣，在商業上使用的顏色也經常都在產生變化。不要以單點的方式來認知顏色，也不要過度拘泥在色名上，請試著以相近色的方式來想看看吧。

另外，不要在搭配時去思考顏色是「合」還是「不合」，希望讀者們能夠記得，顏色是要視搭配組合後希望產出何種印象而定的。

請從想要傳達給人的印象來進行顏色的搭配組合。在現今這個時代，顏色領域已經沒什麼禁忌了，請自由地運用吧。

書中所提到的色彩心理效應，主要參考自世界各地的研究者論文及研究結果。其中也包含著許多我們獨自進行的調查及研究。當條件變化時，實驗的結果也有可能產生變化，因此請不要盲目地相信，而把其當作是心理傾向之一來參考。

顏色是一種只要有些微差異，就很容易產生巨大改變的事物，非常地複雜，但也因此而十分有趣。

如果讀者能透過閱讀此書，感受到顏色的力量及顏色的自由感的話，對作者來說將是最感幸福的事。

２０２０年９月

PawPaw Poroduction

参考文献

『色と性格の心理学』／ポーポー・ポロダクション著（2018年／日本文芸社）
『デザインを科学する』／ポーポー・ポロダクション著（2009年／SBクリエイティブ）
『色神さまと色のひみつ』／ポーポー・ポロダクション著（2012年／PHP研究所）
『マンガでわかる色のおもしろ心理学』／ポーポー・ポロダクション著（2006年／SBクリエイティブ）
『マンガでわかる色のおもしろ心理学2』／ポーポー・ポロダクション著（2007年／SBクリエイティブ）
『「色彩と心理」のおもしろ雑学』／ポーポー・ポロダクション著（2010年／大和書房）
『色の秘密』／野村順一著（1994年／ネスコ、2015年／文藝春秋）
『ヒトの目、驚異の進化』／マーク・チャンギージー著　石田英敬解説　柴田裕之訳（2020年／早川書房）
『意識的な行動の無意識的な理由　心理学ビジュアル百科　認知心理学編』／越智啓太編（2018年／創元社）
『ピアノはなぜ黒いのか』／斎藤信哉著（2007年／幻冬舎）
『日本中世史像の再検討』／網野善彦著、他（1988年／山川出版社）
『衣服考証書』／田中尚房著
『歴世服飾考』／田中尚房著
『色名事典』／清野恒介、島森功著（2005年／新紀元社）

『配色事典』／清野恒介、島森功著（2006年／新紀元社）

『色の名前事典507』／福田邦夫著（2017年／主婦の友社）

『色の知識』／城一夫著（2010年／青幻舎）

『新版　日本の伝統色　その色名と色調』／長崎盛輝著（2006年／青幻舎）

『かさねの色目　平安の配彩美』／長崎盛輝著（2006年／青幻舎）

『HV／C 基準色票』（1998年／カラーアートラス）

『色の力　消費行動から性的欲求まで、人を動かす色の使い方』／ジャン＝ガブリエル・コース著　吉田良子訳（2016年／CCCメディアハウス）

『新版カラーイメージチャート』／南雲治嘉著（2016年／グラフィック社）

【參考論文／參考網站】

Hsin-Ni Ho,Daisuke Iwai,Yuki Yoshikawa,Junji Watanabe & Shin'ya Nishida.Combining colour and temperature:A blue object is more likely to be judged as warm than a red object.(2014)

Nicolas Guéguen,Céline Jacob.Coffee Cup Color and Evaluation of a Beverage's "warmth quality". (2012)

Masahiro Shibasaki,Nobuo Masataka.The color red distorts time perception for men, but not for women. (2014)

George H Van Doorn,Charles Spence,Dianne Wuillemin.Does the colour of the mug influence the taste of the coffee?(2014)

Pantin-Sohier.Quand le marketing hausse le ton. (2012)

Gil Morrot,Frederic Brochet, Denis Dubourdieu.The Color of Odors. (2001)

Kaori Tamura,Masayuki Hamakawa,Tsuyoshi Okamoto.

Olfactory modulation of colour working memory:How does citrus-like smell influence the memory of orange colour?（2018）

Joseph A.Bellizzi,Robert E.Hite,Environmental color, consumer feelings, and purchase likelihood（1992）

Andrew J.Elliot,Daniela Niesta.Romantic Red:Red Enhances Men's Attraction to Women.（2008）

Sascha Schwarz, Marie Singer.Romantic red revisited:Red enhances men's attraction to young,but not menopausal women.Journal of Experimental Social Psychology, 49（1）, 161-164.（2013）

Tom Clarke,Alan Costall.The emotional connotations of color: A qualitative investigation.Color Research & Application,33(5), 406-410.（2008）

Walid Briki,Lina Majed.Adaptive Effects of Seeing Green Environment on Psychophysiological Parameters When Walking or Running.（2019）

Dennis Dreiskaemper,Bernd Strauss,Norbert Hagemann,Dirk Büsch.Influence of red jersey color on physical parameters in combat sports. Journal of Sport & Exercise Psychology, 2013, 35, 44-49. (2013)

Russell A.Hill,Robert A.Barton.Red enhances human performance in contests.Nature 435 293.10.1038/435293a（2005）

Hironobu Yoshikawa,Kumiko Kikuchi,Hirohisa Yaguchi,Yoko Mizokami,Sadaki Takata.Effect of chromatic components on facial skin whiteness.Color Research & Application 37-4,pp.281-291.（2012）

Kimberly A.Jameson,Susan M.Highnote & Linda M.Wasserman.Richer color experience in observers with multiple photopigment opsin genes.（2001）

木口大輔、他、暗い色は本当に重く感じるの？ 重さ印象と疲

労感に及ぼす色の影響（2007）

大森正子、中野博史、宮尾克、立体視における色彩の進出・後退効果の加齢変化について（2004）

北岡明佳、栗木一郎、芦田宏、色立体視における個人差・視距離の影響・新しいモデル「重心説」（2005）

高橋啓介、色の進出現象と膨張現象との関係に関する実験的検討（1998）

山下真知子、空間の色彩がヒトの広さ・狭さの印象に及ぼす影響について（2018）

川嶋比野、数野千恵子、皿色に占める青色の割合が心理的なおいしさに与える影響（2009）

服部陽介、赤は女性をより魅力的にするか（2017）

楠本晴樹、竹内悠貴、田中達宏、田邊和香菜、新原茜、松本瑶子、学習に最適な色とは？兵庫県立神戸高等学校（2014）

丸山優、赤堀侃司、2色プリントと単色プリントによる記憶効果の差異　第23回日本教育工学会全国大会（2007）

瀧澤友美、色字共感覚者の存在確率と事例に関する研究　日本人成人への調査から（2014）

Why All Sale Signs Are Red: The Science of Color in Retail
https://www.shopify.com/retail/store-signs-and-red-signs

甲南大学、知っていますか？「勉強に効果てきめんな睡眠」の手に入れ方
https://www.konan-u.ac.jp/special/index.html

Edward H.Adelson　http://persci.mit.edu/people/adelson

千葉大学、肌の色と質感の知覚メカニズム
http://www.chiba-u.ac.jp/research/coe_gp/result/engineering/post_47.html

日本服飾史　https://costume.iz2.or.jp

〔索引〕

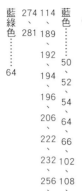

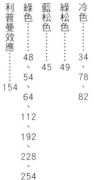

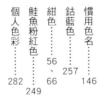

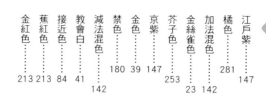

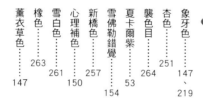

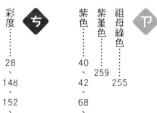

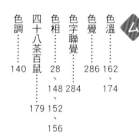

英文

RGB……142

CMY……142

*根據印刷條件不同，有時候會出現顏色差異。

製作協助

日文版 STAFF

・YOKO（共感覚協力）
・TAKIKAWA　MASAMI
・内山千春
・かわべ　みえ
・横山恭代
・柏原佳子
・松田宗士
・中村純子
・佐藤 ラクミニ瞳ウィムッティ
・井上富紗子
・小川里奈
・吉倉光希
・反町良子
・ちょのまま
・ひいこ
・しろうさざ
・えんじゅ
・hana

・スーパーカムカム
・IrohaColor（おしゃれのいろは）
・カラーアナリシス花凜　輝夜
・Yurimar 結璃
・布小物屋　アトリエシュシュ　YUKI

色彩心理學：活用色彩知識，並使用色彩隱藏的力量 / PawPaw Poroduction 著；
魏俊崎譯 . -- 初版 . -- 臺中市：晨星出版有限公司，2021.12
面；　公分 . --（勁草生活；488）

譯自：決定版 色彩心理図鑑

ISBN 978-626-320-017-3（平裝）

1. 色彩心理學

176.231　　　　110017614

勁草生活 488

色彩心理學

活用色彩知識，並使用色彩隱藏的力量

決定版 色彩心理図鑑

作　　者｜PawPaw Poroduction
譯　　者｜魏俊崎
責任編輯｜王韻絜
校　　對｜姜振陽、王韻絜
封面設計｜戴佳琪
內頁排版｜陳柔含
創 辦 人｜陳銘民
發 行 所｜晨星出版有限公司
台中市 407 工業區 30 路 1 號
TEL：(04)23595820　FAX：(04)23550581
http://star.morningstar.com.tw
行政院新聞局局版台業字第 2500 號
法律顧問｜陳思成　律師
初　　版｜西元 2021 年 12 月 15 日　初版 1 刷
西元 2022 年 06 月 15 日　初版 2 刷

讀者服務專線｜(02) 23672044 / (04) 23595819#230
讀者傳真專線｜(02) 23635741 / (04) 23595493
讀者專用信箱｜service @morningstar.com.tw
網路書店｜http://www.morningstar.com.tw
郵政劃撥｜15060393（知己圖書股份有限公司）
印　　刷｜上好印刷股份有限公司
定　　價｜新台幣 450 元
I S B N｜978-626-320-017-3

歡迎掃描
QR CODE
填線上回函